Gofi Müller
Flucht aus Evangelikalien
Über Gott, das Leiden und die heilende Kraft der Künste

AF190019

Zum Buch: Dieses Buch ist keine Abrechnung mit der evangelikalen Bewegung, sondern der Bericht einer Reise: Gofi
Müller war elf Jahre lang als Jugendprediger in ganz Deutschland unterwegs, bis er sich entschloss, auszusteigen und
zunächst Hausmann und dann Künstler zu werden.

Wie es dazu kam, welche Rolle das Leiden und vor allem
die Kunst in dieser Zeit spielte und warum – bei aller Wertschätzung – ein evangelikal-freikirchliches Umfeld manchmal
ausgesprochen lebensfeindlich sein kann, das schildert das
Buch in kurzen Zügen.

›Flucht aus Evangelikalien‹ versucht vor allem eines: zu
zeigen, welche Bedeutung Kunst für den Glauben haben
kann.

Gofi Müller wurde 1970 in Bremen geboren und hat in Biele-
feld Literaturwissenschaften studiert. Er ist Künstler und
Publizist und lebt mit seiner Familie in Marburg an der Lahn.
Mehr Informationen gibt es unter http://gofi-mueller.de

Gofi Müller

Flucht aus Evangelikalien

Über Gott, das Leiden und
die heilende Kraft der Künste

Bibliografische Information der Deutschen Nationalbibliothek:
Die Deutsche Nationalbibliothek verzeichnet diese Publikation
in der Deutschen Nationalbibliografie; detaillierte bibliografische
Daten sind im Internet über http://dnb.dnb.de abrufbar.

© 2017 Gottfried Müller
2. Auflage 2019
Umschlaggestaltung: Anja Brunsmann
Lektorat: Christina Müller, Gottfried Müller
Satz: Petra Sommerfeldt
Herstellung und Verlag:
BoD - Books on Demand GmbH, Norderstedt
ISBN: 9783744888158

Inhalt

Eine kurze Vorbemerkung

Liebe/r Leser_In!

Ich glaube an die Gleichberechtigung der Geschlechter. Und ich bin davon überzeugt, dass man die Gleichberechtigung auch sprachlich deutlich machen sollte.

Trotzdem habe ich in diesem Buch an mehreren Stellen nur die männliche Form gewählt. Ich habe zum Beispiel ›der Künstler‹ oder ›der Leser‹ geschrieben und nicht auch ›die Künstlerin‹, ›die Leserin‹ usw.

Ich habe das deshalb getan, damit die Verständlichkeit meiner Argumentation und die Flüssigkeit des Stils erhalten bleiben. In der englischen Fachliteratur ist es üblich, dass man dort, wo man im Deutschen die männliche Form benutzt, die weibliche nimmt. Das ist eine Vereinbarung, die irgendwann einmal getroffen wurde und an die sich jetzt jede/r hält.

Im Deutschen gibt es eine solche Vereinbarung nicht. Wir deutschen Autoren sind auf Begriffsungetüme angewiesen, wenn wir alle Geschlechter einbeziehen wollen (sie/er, jede/r, KünstlerInnen, Leser_Innen, Betrachter*innen usw.)

Ich habe mich lieber für den flüssigen Stil entschieden und schreibe es an dieser Stelle deshalb ausdrücklich: Selbst wenn ich die männliche Form verwende, meine ich selbstverständlich alle Geschlechter.

Danke für Dein Verständnis oder zumindest für Deine Nachsicht!

Gofi Müller

Von einem, der auszog, glauben zu lernen
(Vorwort)

Als Gofi mich fragte, ob ich ein Vorwort zu seinem Buch schreiben möchte, habe ich mich sehr gefreut. Nachdem ich es nun gelesen habe, fühle ich mich geehrt. Nicht weil ich darin vorkomme (sicher, ich fühle mich durchaus gebauchpinselt), sondern weil mich Gofis Einsichten in das Leben, die Kunst, den Glauben bewegen. Tief bewegen. Es ist ein durchlittenes Buch, das spürt man jeder Zeile ab. Und anders, als es bei unserem Podcast ›Hossa Talk‹ möglich wäre, dessen Charme ja gerade in der Flüchtigkeit ›hingerotzter‹ Worte liegt, ist ein gedrucktes Wort ein bedachtes, gedrehtes und gewendetes. Eines, das das Zeug zum langen Atem hat. Im besten Fall zumindest. Wie in diesem Buch. Denn durchlittene Worte sind immer noch die ehrlichsten und heilsamsten, die es gibt.

Glauben hat ja immer etwas Flüchtiges, Vorläufiges, Unfertiges – etwas von unterwegs. Sonst ist es kein Glauben. Das hat er mit der Kunst gemeinsam. Der christliche Glaube fußt, wie der seines großen jüdischen Bruders, auf einer Fluchterfahrung, dem Exodus des israelischen Volkes. Er fußt auf dem Glauben, dass die Taube auf dem Dach vielversprechender ist als der Spatz in der Hand. Es ist der Glaube an einen Gott, der einen dazu bringt, sich auf den Weg zu machen – wegzugehen, auszuziehen, zu flüchten, wenn man so will. Vor knechtenden Göttern und den Fleischtöpfen der Besserwisserei, vor der Sklaverei des Gewohnten und dem gruseligen Komfort der Fremdbestimmung.

Dieser Glaube entsteht unterwegs. Und so lange er in Bewegung ist, improvisiert er. Das muss er. Er kann gar nicht anders. Aber das macht ihn so herrlich offen und wild. Das fühlt sich nicht wie Glauben an. Wie auch? Jede Flucht wird in der Not geboren, im Chaos des Nicht-mehr-so-weiter-leben-Könnens. Wer flüchtet schon freiwillig? Der Glaube auf der Flucht eignet sich nicht für großspurige Bekenntnisse. Und so ist Unsicherheit sein Begleiter und Hoffnung sein Brot.

Auch die ersten Christen nannte man Menschen des Weges, verrät das Neue Testament. Leute in Bewegung. Im Aufbruch. In Richtung Freiheit. Neues Leben. Auferstehung.

Gofis Buch ist der sehr persönliche Bericht eines Flüchtenden. Von jemandem, der ›Ägypten‹ mochte, bis er sich plötzlich nicht mehr darin wiederfand. Von jemandem, der schon auf der Flucht war, bevor er es selber merkte. Und dann unterwegs die Kunst fand, die Improvisation, das Leben. Gott.

An all dem lässt er uns teilhaben, lässt uns hineinschauen in die Schwierigkeiten und in das Verstörende, wenn plötzlich nichts mehr ist, wie es mal war, weil das äußere Ägypten nicht mehr zur Hand ist und einen das innere schier zerreißt. Und er beschreibt die Schönheit des Glaubens, wenn der Gott der Improvisation nahbarer und verlässlicher wird, als es der Gott der Sicherheit je sein konnte. Ein Wanderer, ein Pilger, ein Flüchtiger. Ein (Lebens)Künstler. Jemand, der auszog, glauben zu lernen.

Etwas Bekanntes, Sicheres zu verlassen hat immer etwas von einer Flucht. Und ohne Flucht kein neues Leben. Ich finde mich in Gofis Worten wieder. In beinahe jedem Satz. Sie machen mir Mut. Ich habe Ähnliches erlebt, aber das ist nicht der Grund. In manchem decken sich unsere Erfahrungen, in vielem aber auch nicht. Es ist vielmehr die Schönheit der schmutzigen Füße, die mich berührt und tröstet. Wie er beinahe, ohne es zu merken, von der Kunst überrumpelt wird und dabei lernt, dass der Gott der Improvisation bei uns ist, ja, uns nie verlassen hat, selbst dann, wenn kein Land in Sicht ist. Darin spüre ich, dass ich nicht alleine bin und dass die kleinen alltäglichen Antworten oft weiter tragen als die sogenannten ewigen, weil Gott tatsächlich alltäglich ist.

Jay (Jakob) Friedrichs
Musiker, Comedian (›Superzwei‹)
und Podcaster (›Hossa Talk‹)
August 2017

1. Vom Evangelisten zum Künstler
(Einleitung)

Ich stand am Schlafzimmerfenster unserer Wohnung in der Ritterstraße und blickte vom Marburger Schlossberg über die Dächer der Häuser hinab ins Tal.

»Was bildest du dir eigentlich ein?«, sagte ich laut. »Wieso wirfst du mir Steine in den Weg? Weißt du, was du eigentlich tun solltest? Du solltest mir helfen, mir den Weg ebnen! Stattdessen machst du alles kaputt!«

Ich betete. Aber es war kein Gebet, das mich besonders getröstet hätte. Ich fühlte keinerlei Nähe zu Gott. Was ich empfand, waren Wut, Verzweiflung und totale Orientierungslosigkeit. Gerade war mir klar geworden, dass mein Leben nicht so verlaufen würde, wie ich es mir erhofft hatte und wie es mir auch hin und wieder vorhergesagt worden war.

Ich war Jugendevangelist, also jemand, dessen Aufgabe es war, Menschen für den Glauben an Jesus zu gewinnen. Noch während meines Studiums der Literaturwissenschaften war ich in die christliche Jugendarbeit eingestiegen, widerwillig zuerst, dann immer enthusiastischer. Ende der neunziger Jahre hatte ich ein spirituelles Erlebnis gehabt, eine Begegnung mit Jesus, die mich begeisterte und in mir den Wunsch entfachte, Jugendlichen von dem Leben mit ihm zu erzählen. In diesem Moment wurde ich von der Erkenntnis gepackt, dass Gott mich – so wie jeden anderen auch – bedingungslos liebt, dass er mein Glück will und mir zeigen möchte, wie ich es finde. Dieses Erlebnis führte mich auf beinahe direktem Weg in die christliche Jugendarbeit.

Ich konnte reden, mich auf einer Bühne behaupten und Zuhörer begeistern. Der Zuspruch der Jugendlichen spornte mich an, so dass ich mich auf immer größere Bühnen wagte und auch dort Erfolgserlebnisse sammelte. In einer so kleinen und eng vernetzten Szene wie der freikirchlich-evangelikalen, zu der ich gehörte, bleibt so etwas nicht lange verborgen. Schon bald sprach ich auf überregionalen Veranstaltungen und bekam nicht lange danach ein Jobangebot aus Marburg. So stieg ich bei einem kleinen Spendenwerk mit recht großem Wirkungskreis als Evangelist ein.

In den achtziger und neunziger Jahren hatte das Wort ›Evangelist‹ auch in freikirchlichen Kreisen keinen besonders guten Klang. Aber die evangelistischen Bemühungen der evangelikalen Christen in Deutschland bekamen Anfang der 2000er neue Impulse durch die Mega Church ›Willow Creek‹ aus Chicago, die mit ihrem Konzept des ›Seeker Service‹, eines Gottesdienstformates speziell für spirituell suchende Menschen, auf offene Ohren stieß. In der Folge versuchten sich zahlreiche Gemeinden darin, Gottesdienste als evangelistische Plattformen zu nutzen.

Dabei war von Anfang an klar, dass Veranstaltungen dieser Art eine besondere Sorte von Rednern benötigen: Rampensäue, die sich ohne Scheu vor eine Gruppe wildfremder Menschen stellen, um ihnen in einer alltagsnahen Sprache möglichst unterhaltsam die Kernpunkte des Glaubens zu erläutern und sie möglicherweise anschließend auch noch zur Annahme dieses Glaubens aufzufordern.

Diese Art von Rednern gab es nicht sehr häufig. Bisher hatte schlicht die Nachfrage gefehlt. Die zahlreichen Absolventen und zunehmend auch Absolventinnen diverser Bibelschulen und theologischer Ausbildungsstätten hatten alle möglichen Berufsziele. Das des Evangelisten war selten darunter. Nun aber wurden solche Redner und Rednerinnen gesucht. Und das kleine Spendenwerk, dem ich mich angeschlossen hatte, stellte sie zur Verfügung.

So kam es, dass ich Deutschland bereiste und auf kleinen, großen und manchmal auch sehr großen Bühnen auftrat. Ich war absolut davon überzeugt, dass dies der Sinn meines Lebens war. Gott hatte mich berufen. Er wollte, dass ich predigte. Das war schon daraus ersichtlich, dass er mich entsprechend begabt hatte und mir nun die Chance gab, die Menschen im deutschsprachigen Raum zum Glauben zu rufen.

Insgeheim hoffte ich, dass mein Wirkungskreis mit jedem Jahr größer werden würde. Ich verspürte eine geradezu apostolische Verantwortung für die, wie man damals gerne sagte, ›junge Generation‹. Mein Bekanntheitsgrad wuchs – möglicherweise nicht ganz so stark, wie ich es selber wahrnahm, aber er nahm zu, das stand außer Frage. Die Rückmeldungen der Menschen auf meine Arbeit waren fast durchweg positiv (und wenn nicht, war ich milde beleidigt), und ich dachte zunehmend in großen bis sehr großen Kategorien, wenn es um meinen eigenen Werdegang ging. Ich war mir sicher, dass ich eines Tages ein international angesehener Sprecher sein würde, der von Kontinent zu Kontinent reisen und stetig das ›Reich Gottes‹ und nebenbei auch seine Karriere bauen würde.

Ich muss vielleicht erklären, wie es zu dieser merkwürdigen Selbsteinschätzung kommen konnte. Der wichtigste Punkt war sicher mein Größenwahn, gegen den ich immer noch erfolglos ankämpfe. Zum anderen wurde, zumindest in den Kreisen, in denen ich damals verkehrte, in großen Begriffen gedacht. Wir wollten ganze Städte ›verändern‹, ja, das ganze Land. Wir ›sehnten‹ uns danach, dass eine ›neue Generation‹ ›erwachte‹. Sahen wir ›verlorene‹ Jugendliche zum Beispiel an einer Bushaltestelle stehen, so ›blutete unser Herz‹ (zumindest war das der Anspruch, meistens blutete es eigentlich nicht).

Grundsätzlich wurde zu sehr großen Pinseln gegriffen, wenn es darum ging, sich auszumalen, was Gott mit uns und unseren Zeitgenossen wohl vorhaben mochte.

Das fühlte sich natürlich toll an. Wir glaubten, dass wir zu einem entscheidenden Zeitpunkt der Weltgeschichte lebten, an dem Großes unmittelbar bevorstand und an dem wir dafür ausersehen waren, selbst Großes zu leisten. Junge Menschen, die sich gerade intensiv mit der eigenen Identität auseinandersetzen und nach einem Platz suchen, an den sie gehören, sind für solche Botschaften empfänglich. Insofern kann es nicht verwundern, wenn wir die Parolen dankbar aufnahmen und uns selbst als Teil einer weltweiten, gottgewollten Bewegung sahen.

Als ich Jugendarbeit in Bielefeld machte, wollte ich Bielefeld verändern. Als ich als Jugendevangelist Deutschland bereiste, war es Deutschland. Und für die Zukunft hatte ich mir die Welt vorgenommen. Zwischendurch liebäugelte ich mit einem apostolischen Amt auf Island. Aber die Isländer hatten mich als zukünftigen Hoffnungsträger nicht auf dem Zettel, und so wurde daraus nichts.

Es war eine großartige und gleichzeitig aufreibende Zeit. Schließlich ging es immer um alles, jede evangelistische Veranstaltung entschied – zumindest was einzelne Veranstaltungsbesucher betraf – über (ewiges) Leben und (ewigen) Tod. So war es immer wieder meine Verantwortung als eingekaufter Profi-Christ, die Zuhörer nicht nur für meine Botschaft zu interessieren, sondern sie auch dazu zu bewegen, Jesus als ›Herrn‹, ›Freund‹, ›Heiland‹, ›Retter‹ (oder wie auch immer wir ihn gerade nannten) anzunehmen. Eine nicht gerade leichte Bürde.

Versteh mich nicht falsch: Ich bin immer noch bekennender, gläubiger, praktizierender, ECHTER Christ. Wenn ich zu Christus bete, bin ich davon überzeugt, dass er mich hört (obwohl der, sollte er mich wirklich hören, daran sicher manchmal seine Zweifel haben wird). Ich hinterfrage auch gar nicht, was ich immerhin dreizehn Jahre meines Lebens getrieben habe, jedenfalls nicht grundsätzlich.

Ich bin davon überzeugt, dass es sinnvoll sein kann, einem Menschen zwanzig bis dreißig Minuten Zeit zu geben, damit er in einer bündigen Rede seine Sicht auf das Leben, den Glauben und Gott darlegen kann. Und es steht sehr zu hoffen, dass dieser Mensch das auf eine unterhaltsame Weise hinbekommt. Ich bin auch dafür, dass eine Predigt mit einem Appell endet. Eine Predigt, so finde ich jedenfalls, sollte Zuspruch oder Ablehnung voraussetzen. Was ist schon dagegen einzuwenden, wenn man Zuhörer zu einer konkreten Haltung herausfordert? Solange es sich bei ihnen nicht um Menschen handelt, die entweder noch zu jung sind, um eine weitreichende Entscheidung zu treffen, oder die durch manipulative Strategien zu Unmündigen gemacht worden sind, erst einmal nichts.

Es war, wie gesagt, eine großartige und gleichzeitig kräftezehrende Zeit. Ich stürzte mich hemmungslos und ohne Rücksicht auf meine psychischen und physischen Ressourcen in die Arbeit, die ich als Lebensaufgabe verstand. Doch ich war nicht der einzige, der dafür die Zeche zahlte. Inzwischen hatten meine Frau und ich geheiratet und einen Sohn bekommen, einen wunderschönen, dicken, kleinen Prachtbolzen, mit dem leider irgendetwas nicht stimmte. Meine Frau ahnte es bereits, als noch der Kinderarzt und auch ich ihr alle Befürchtungen auszureden versuchten. Schon lange fielen ihr meine vielen Reisen und meine damit verbundene häufige Abwesenheit schwer. Jetzt aber wurde es ihr unerträglich. Sie unterstützte mich, so gut sie konnte. Aber es wurde immer deutlicher, wie sehr sie litt.

Schließlich, unser zweiter Sohn war gerade geboren worden, suchte sie einen anderen Kinderarzt auf, um unseren Ältesten untersuchen zu lassen. Und dieser Arzt stellte die Verdachtsdiagnose ›frühkindlicher Autismus‹.

Der Tag, an dem uns diese Nachricht erreichte, war der Tag, an dem ich das Gebet sprach, mit dem ich das Kapitel begonnen habe. Es war der Tag, an dem mir dämmerte, dass Gott entweder ein folgenschwerer Fehler unterlaufen sein musste oder dass er sich mein Leben anders vorstellte, als ich es immer angenommen hatte.

Was ich von Gott erwartet hatte, war, dass er mir Türen und Tore öffnen würde, dass er mir Möglichkeiten einräumen würde auf meinem Weg zu einem größeren Wirkungskreis. Bisher, so schien es mir, hatte er das getan. Und ich war mir sicher gewesen, dass es genau so weiter gehen würde. Warum auch nicht? Schließlich wollte ich dasselbe wie er: dass Menschen Jesus kennenlernen, damit ihr Leben sinnvoll und reich wird.

Jetzt war bei unserem geliebten kleinen Sohn eine Behinderung diagnostiziert worden, und auch wenn ich mir nicht im Entferntesten ausmalen konnte, was das konkret für die Zukunft bedeuten würde, wusste ich doch, dass der Durchmarsch an die Weltspitze in Gefahr, wenn nicht sogar endgültig gestoppt war. Das verwirrte mich. Ja, es machte mich zornig. Ich fand, dass Gott meine bisherige Schufterei ziemlich schlecht vergalt.

So kam es nicht lange danach zu einer Auszeit, die mir mein Arbeitgeber freundlicherweise zugestanden hatte, weil ich kurz vor dem Burn Out stand, und die mich für meinen weiteren

›vollzeitlichen Dienst‹ innerhalb der freikirchlichen Welt gründlich versauen sollte.

Als Familie standen wir kurz vor dem Kollaps. Glücklicherweise erhielten wir Hilfe von den Eltern meiner Frau, die mit uns gemeinsam an den Rand Marburgs zogen und uns tatkräftig unterstützten.

Hier, in einer ruhigen Nachbarschaft direkt am Waldrand, verbrachte ich die nächsten sechs Monate, mühte mich, ein einigermaßen guter Vater zu sein, und dachte nach. Es war das erste Mal, dass ich überhaupt Gelegenheit fand, über den Trip der vergangenen sechs Jahre als Evangelist nachzudenken. Und je mehr ich das tat, desto skeptischer wurde ich.

Was trieben wir Frommen da eigentlich? Warum veranstalteten wir mehr und noch mehr und größere und immer größere Veranstaltungen? Was war das für eine Rolle, die ich da übernommen hatte, wenn ich von Event zu Event rauschte, so dass ich nur noch durch einen Blick in meinen Kalender feststellen konnte, wo ich vor zwei Wochen gewesen war? Welche merkwürdige Haltung zeigte sich darin, wenn ich nach einer Evangelisation nach Hause kam und stolz die Zahlen der Bekehrten verkündete? War ich nicht Funktionär eines Systems geworden, das sich durch seine Institutionen, Verlage und Werke letztlich vor allem darum kümmerte, sich selbst zu erhalten? Ging es hier wirklich ausschließlich um die Sache Gottes? Warum dann das Gerangel um Posten, Reputation und Einfluss, bei dem ich als aufstrebender und begabter Performer mitgemacht hatte? Wie konnte ich mich heimlich als Teil einer spirituellen Elite betrachten, wenn es mindestens genauso viel göttliche Kraft brauchte, meine Kinder vernünftig zu erziehen, wie auf der Bühne von Jesus zu reden oder um körperliche Heilung zu beten? Und wieso fanden wir als behinderte Familie – inzwischen war klar geworden, dass auch unser zweiter Sohn Autismus hatte – nur so schlecht in die christlichen Gemeinschaften hinein, die doch immer von sich behaupteten, bei ihnen sei absolut jeder willkommen? Immerhin hatte ich bis vor Kurzem noch zu ihren Sonnyboys gehört. Nun aber fühlten wir uns als Randständige einfach nicht mehr in ihnen wohl, weil wir die herrschenden Konventionen nicht mehr verstanden oder uns nicht an sie halten konnten, selbst wenn wir es gewollt hätten (was immer seltener der Fall war), und weil uns zunehmend klar wurde, dass in der quasi-feudalistisch strukturierten Gesellschaft einer stinknormalen Freikirche, bei der die Schönen und Redebegabten zur Aristokratie gehören, wir die Plebs waren, das Fußvolk, das anwesend sein und staunen durfte.

Wollte ich das alles wirklich? Nein, das alles wollte ich ganz sicher nicht, weder für mich noch für meine Kinder.

Vielleicht wird ja allmählich klar, was ich mit ›Evangelikalien‹ meine. Das ist etwas, das man nur schwer in Worte fassen kann und deshalb mühsam umschreiben muss oder das man kurzerhand, wie ich es hier tue, mit einem Kunstwort bezeichnet. Es gibt natürlich gar kein Evangelikalien. Es gibt auch nicht ›die‹ Evangelikalen oder die eine evangelikale Frömmigkeit. Was es gibt, sind wiederkehrende Phänomene unter Evangelikalen, weil ihre Frömmigkeit dafür einen geeigneten Nährboden bietet.

Viele dieser Phänomene sind wunderbar, sie sind Anschauungsbeispiele dafür, wozu die Kraft des christlichen Glaubens im Guten in der Lage ist. Da gibt es Fälle von unglaublicher Selbstlosigkeit und Nächstenliebe. Als zum Beispiel unser Sohn eingeschult werden sollte, das Jugendamt aber die notwendige Schulbegleitung für ihn nicht bezahlen wollte, sprangen unsere (zum größten Teil evangelikalen) Freunde ein und übernahmen die Kosten.

18

Aber es gibt auch die andere Seite, unter der ich zunehmend litt und die ich in der Zeit, in der ich mich von der evangelikalen Bewegung abwendete, als ›das System‹ bezeichnete. Ich meine all das, was man zwar in anderen gesellschaftlichen Gruppen auch findet, was aber unter den Frommen nicht selten mit theologischen Argumenten gerechtfertigt und verteidigt wird: Intrigen, Machtgier, Opportunismus, Missbrauch, Heuchelei, die Unterdrückung und Ausgrenzung bestimmter Personengruppen, die Ausbeutung von Mitarbeitern und die Angst vor dem Fremden.

Je länger ich mich mit mir selbst, meiner Vergangenheit und meinem christlichen Umfeld beschäftigte, desto mehr bedrückten mich dessen Engherzigkeit und Engstirnigkeit. Ich meine damit die Furcht vor neuen Gedanken, neuen Herangehensweisen, neuen Entdeckungen, neuen Lebensweisen, neuen Erfahrungen. Ich kann es auf einen Begriff bringen: Was mich bedrückte, war die Angst, der ich in diesen Kreisen immer wieder begegnete.

Ich habe schon gesagt, dass es schwer ist, ›die‹ evangelikale Frömmigkeit dingfest zu machen, dafür ist die evangelikale Bewegung zu unterschiedlich und oft auch widersprüchlich. Aber es gibt gemeinsame Schnittmengen, Punkte, an denen die allermeisten der Betroffenen nicken und sagen: ›Jawoll, so sehe ich das.‹ Wenn wir also das als ›die evangelikale Fömmigkeit‹ bezeichnen, was die allermeisten Evangelikalen glauben, dann meine ich, dass diese Frömmigkeit zu einem sehr großen Teil angstbesetzt ist – vor Gott, vor dem Teufel, vor der Sünde, vor den Ungläubigen, vor einem falschen Bibelverständnis, vor der ›Irrlehre‹ und vor allem, was sich theologisch nicht erklären lässt.

Sie selbst möchte eigentlich liebesmotiviert sein. Christliche Frömmigkeit versteht sich als ein Hingezogensein zu dem

19

Gott, der sie liebt, und als eine liebevolle Hinwendung zum Mitmenschen. Aber ich fürchte, dass das zu häufig nicht der Fall ist. Zu oft ist die Angst größer als die Liebe.

Der innere Druck wurde schließlich so groß, dass ich mir Luft verschaffte: Ich machte Kunst.

Das passierte ganz unwillkürlich. Bisher war meine kreative Energie in meine evangelistische Arbeit geflossen. Aber jetzt, in meiner Auszeit, fehlte mir dieses Betätigungsfeld, und ich begann, Punksongs zu schreiben, Lieder, die einfach überhaupt nicht zu meinem bisherigen Umfeld passten.

Ganz abwegig war meine Hinwendung zur Kunst nicht. Immerhin habe ich Literaturwissenschaften studiert und mich seit meiner Kindheit an Gedichten, Geschichten, Liedern und Bildern versucht. Aber spätestens seit meinem Einstieg in die Jugendarbeit während des Studiums hatte diese Vorliebe keinen rechten Platz mehr im Leben. Oder vielleicht sollte ich besser sagen: Sie hatte einen zu eindeutigen Platz, sie diente nämlich ausschließlich der Verbreitung der christlichen Botschaft.

Meine künstlerische Art hatte einem Zweck zu dienen. Dadurch hatte sie aber keine Berechtigung an sich mehr. Das lag natürlich zunächst an meiner eigenen Überzeugung, aber auch an der Tatsache, dass die evangelikale Theologie, der ich mich verpflichtet fühlte, mit den freien Künsten nichts anzufangen weiß.

Jetzt protestierst Du vielleicht. Du sagst, dass die Künste sehr wohl ihren Platz in der freikirchlichen Welt haben, schließlich wird hier ausgiebig gemalt, gezeichnet, getextet, gesungen und was weiß ich noch alles.

Das stimmt schon: Vieles, was ich an künstlerischen Fertigkeiten erworben habe, habe ich zuerst in meinen damaligen Gemeinden ausprobiert. Ich spreche aber von den FREIEN

Künsten. Ich meine nicht die künstlerischen Tätigkeiten, die als Mittel für irgendeinen Zweck genutzt werden, sondern jene, die einen Wert an sich haben. Die Zumutung eines eigenständigen künstlerischen Ausdrucks findest Du nur äußerst selten unter Freikirchlern und anderen konservativen Gläubigen.

Woran das liegt, weiß ich nicht. Ich habe aber eine Vermutung. Erstens setzt ein souveräner Umgang mit Kunst eine gewisse ästhetische Bildung voraus, und die ist, ehrlich gesagt, grundsätzlich nicht besonders weit verbreitet. Fromme Menschen bilden da keine Ausnahme. Deshalb finden die meisten Leute den Spruch ›Ist das Kunst, oder kann das weg?‹ ja auch richtig lustig, und der Satz ›Das hätte ich auch noch gekonnt!‹ ist der wahrscheinlich meistgetuschelte in Museen, die zeitgenössische Kunst ausstellen.

Und dann ist es so, dass in der Bibel Kunst, wenn sie überhaupt thematisiert wird, einen kultischen Charakter hat, sie ist also Teil des Gottesdienstes, oder sie veranschaulicht etwas (zum Beispiel im Fall der Propheten). Für Menschen, die sich in allen Lebensfragen auf die Bibel berufen, liegt das Nachdenken über die freien Künste daher vielleicht nicht besonders nahe.

Bei mir änderte sich das nun. Die Kunst zeigte mir nämlich einen Ausweg aus meiner Misere. Sie bot mir einen Rahmen, innerhalb dessen ich sagen durfte, was ich wollte, in dem ich Fragen stellen durfte, ohne gleich die Antwort mitliefern zu müssen, weil sonst irgendein Glaubensgenosse innere Nöte erleiden müsste. So ein Freiraum ist unglaublich heilsam.

Die künstlerische Arbeit hat tatsächlich etwas Heilsames. In einem späteren Kapitel werde ich ausführlicher darüber schreiben. Es ist kein Wunder, dass sie auch in Therapien Anwendung findet. Und wenn Jesus wirklich der Heiland ist, von dem alle Heilung ausgeht, dann hat er sicher ein umwerfendes

Kunstverständnis. Für seine Anhänger gilt das leider nicht immer.

Es war verwirrend. Was tat ich da eigentlich? Wo kamen diese Lieder her? Später gesellten sich Bilder und Geschichten hinzu, die allesamt nach einem anderen Umfeld verlangten als dem freikirchlich-christlichen, aus dem ich stammte. Eher widerwillig begann ich der Tatsache ins Auge zu sehen, dass ich ein künstlerisches Naturell besitze. Was das für mich, meinen Werdegang, meinen Glauben bedeuten würde, davon hatte ich keine Ahnung. Und das war sicher gut so.

Die Kunst ist ein Weg, sich mit sich selbst, dem Leben und der Welt zu befassen und zu versuchen, die Dinge besser zu verstehen. Sie gibt sich niemals mit dem Status Quo zufrieden. Sie kann Bestehendes nicht nur bestätigen, sie muss immer auch hinterfragen, wenn sie ihrem eigenen Anspruch gerecht werden will. Sonst ist sie nur Deko, ein Instrument, ein Mittel zur Verschönerung. Natürlich macht sie das oft unbequem. Und mein Verdacht ist, dass sie deshalb in evangelikal-freikirchlichen Kreisen ungern gesehen ist.

Nach meiner Auszeit kehrte ich in den evangelistischen Dienst zurück. Aber es wurde zunehmend klar, dass das alles nicht mehr passte, weder zu mir selbst noch zu unserer komplizierten Familiensituation. Und so beschlossen meine Frau und ich, dass der Ausstieg unvermeidlich war.

Anfang 2011, nach knapp elf intensiven Jahren, war es so weit. Vorher jedoch kam es zu einer für mich folgenreichen Begegnung in Kapstadt.

Es war eine meiner letzten Dienstreisen als ›Vollzeitler‹. Die ›Lausanner Bewegung für weltweite Evangelisation‹ hatte zu einer Tagung geladen, an der Christinnen und Christen aus aller Welt teilnahmen. Ich war Teil der deutschen Delegation, konnte die Reise dank einer Erbschaft aus eigener Tasche

bezahlen und fand mich so unter Tausenden von Evangelikalen wieder, die, wie ich vermute, die globale evangelikale
Christenheit recht gut repräsentierten und an denen mich
manches begeisterte und manches abstieß.

Womit ich niemals gerechnet hatte, war die Tatsache, dass
durch die gesamte Tagung hindurch ein starker Schwerpunkt
auf die Kunst gelegt wurde. Das war mir neu, dass es in Kern-
Evangelikalien Menschen gab, die die Künste wirklich
schätzten und den Einfluss besaßen, sie auf die Tagesordnung
einer so hochkarätigen Veranstaltung zu setzen. Und so
schloss ich mich an einem der Veranstaltungstage einer
Gesprächsgruppe an, die sich mit dem Thema ›Mission and
the Arts‹ auseinandersetzte.

Es wurde nicht gerade eine Lanze gebrochen für den freien
künstlerischen Ausdruck. Auch hier wurde die Kunst eher als
Dienstleisterin gesehen. Ich verfolgte die Diskussion daher
mit der Überheblichkeit, die uns deutschen Akademikern
irgendwie anzuhaften scheint. Trotzdem fühlte ich mich
verstanden, ich hatte das Empfinden, unter Gleichgesinnten
zu sein.

Als die Veranstaltung zu Ende war, verließ ich den Raum,
nur um im Foyer plötzlich wie festgenagelt stehen zu bleiben.
›Rede mit denen‹, schoss es mir durch den Kopf, ›sag denen,
wie es dir geht!‹ Ich glaube, das war eine göttliche Eingebung.
Ich machte auf dem Absatz kehrt, ging wieder in den Raum
hinein und steuerte auf einen der Seminarleiter zu.

»Hallo«, stellte ich mich vor, »ich bin Gofi und habe eine
Identitätskrise. Kannst du mir helfen?«

Der Mann hieß Bill Taylor. Sein Sohn war bildender
Künstler und Pastor einer Gemeinde, die die Künste ganz
bewusst in ihr Gemeindeleben einbezog. Er konnte mir
tatsächlich helfen. Und zwar tat er das, indem er mir einfach
zuhörte, während ich ihm meine Geschichte erzählte, ohne

mich zu verurteilen, ohne alarmiert mit den Augen zu rollen. Auf eine wunderbar väterliche Art gab er mir gute Ratschläge, ermahnte und ermutigte mich und forderte mich auf, diesen Weg weiterzugehen. Anschließend betete er für mich, nahm mich kräftig in den Arm und entließ mich dann.

Ich setzte mich in eine Ecke des überfüllten Kongresszentrums und betete. »Okay, Gott«, sagte ich. »Ich habe den Eindruck, dass du willst, dass ich herausfinde, was es mit den Künsten auf sich hat. Wenn du das willst, mache ich das. Aber du weißt ganz genau, dass die Leute, mit denen ich bisher unterwegs bin, dafür nicht allzu viel Verständnis haben werden. Wenn das für dich in Ordnung ist, dann werde ich ebenfalls damit klarkommen.«

Ich habe viele gute Impulse aus Kapstadt mitgenommen. Aber für mich persönlich war dieser der wichtigste.

Ich erspare Dir die Beschreibung der folgenden Jahre. Wie meine Frau krank wurde und wieder gesund wurde und wieder erkrankte. Wie wir nicht wussten, ob wir in einigen Monaten noch ein festes Einkommen haben würden, weil sie nicht wusste, ob sie ihren Beruf weiter ausüben konnte. Es waren Jahre voller Hoffnung und voller Angst, Zeiten, in denen wir bis weit über die Schmerzgrenze hinaus belastet wurden und in denen ich oft mit Gott stritt, weil ich mich von ihm übers Ohr gehauen fühlte, oder an meinem Verstand zweifelte, weil ich so weitreichende Entscheidungen auf der Grundlage von Gefühlen getroffen hatte.

Vielmehr möchte ich Dir von den Erfahrungen berichten, die ich machte, als ich an Liedern, Gedichten, Geschichten und Bildern arbeitete. »Wen der Sohn frei macht«, hat Jesus gesagt, »der ist wirklich frei.« Das ist ein gutes Wort, vor allem für Künstler, denn nichts braucht der künstlerische Ausdruck mehr als die Freiheit.

Sowohl das Leben in der Freiheit als auch die künstlerische Arbeit ist riskant. Wer aber bereit ist, die Risiken in Kauf zu nehmen, erlebt wirklich Schönes.

2. Flucht aus Evangelikalien

Was ist ›Evangelikalien‹?

Wie schon gesagt: Evangelikalien gibt es nicht. Mit diesem Begriff ist es so wie mit allen Slogans und polemischen Begriffen: Sie verallgemeinern stark, um einen bestimmten Punkt zu verdeutlichen. Aber wenn man sich ihnen nähert, wenn man ihre Bedeutung entschlüsseln will, dann lösen sie sich in Luft auf. Plötzlich wird klar, dass das, was sie bezeichnen, eigentlich zu komplex ist, um mit einem einfachen Wort zusammengefasst zu werden.

Trotzdem sind sie sinnvoll. Slogans und Kunstworte sind Bilder, Sprachbilder eben, und sie verhalten sich auch wie Bilder. Sie kommunizieren anders als normale Begriffe. Ihre Bedeutung wird ganz unmittelbar, intuitiv erfasst. So wie ein Gemälde uns unmittelbar beeindrucken oder abstoßen kann, ohne dass wir wüssten, warum das der Fall ist. Wenn wir näher treten und uns mit dem Bild beschäftigen, verstehen wir vielleicht seine Wirkung. Aber sie wird dadurch mehr und mehr zu etwas Mittelbarem, das seine anfängliche Unmittelbarkeit, seine Direktheit, verloren hat.

Der unmittelbare Eindruck ist aber wichtig. Er gibt eine klare Richtung vor, in die der Diskurs zielen soll. Die Augen der Betrachter werden schon einmal in die richtige Richtung gelenkt, damit die gemeinsame Auseinandersetzung sich ebenfalls in die richtige Richtung entwickelt.

Also noch einmal von vorne: Es gibt kein Evangelikalien. Was es gibt, sind verschiedene Strömungen einer Bewegung, der evangelikalen nämlich, die sich manchmal ergänzen, manchmal nebeneinander her existieren und sich manchmal vollkommen widersprechen, so sehr, dass sie sich gegenseitig die ›Evangelikalität‹ absprechen, die Zugehörigkeit zur Bewegung.

Was die evangelikale Bewegung häufig vergisst, ist die Tatsache, dass sie selbst nur eine Splittergruppe der weltweiten Kirche von Jesus Christus ist. Sie ist die am schnellsten wachsende, das ist richtig, und sie wird nicht müde, das zu betonen, aber sie bleibt eine Splittergruppe. Deshalb ist jeder Vertreter einer evangelikalen Bewegung innerhalb der evangelikalen Bewegung der Vertreter einer Splittergruppe einer Splittergruppe.

Das ist nicht schlimm. Wir haben von Jesus und seinen Aposteln gelernt, dass wir die Kleinen nicht verachten, sondern ihnen die gleiche Bedeutung beimessen sollen wie den vermeintlich Großen.

Problematisch wird es nur, wenn die Vertreter der Splittergruppe einer Splittergruppe sich selbst für die wahren Repräsentanten der evangelikalen Bewegung halten und entsprechend auftreten. Und noch problematischer wird es, wenn die Evangelikalen sich selbst als die eigentlichen Vertreter des wahren christlichen Glaubens sehen, die wahrhaftigen Nachkommen der Reformation, die der damaligen Kirche das wahrhaftige Evangelium entgegengehalten haben.

Tief im Kernland Evangelikaliens gehen seine Bewohner fest davon aus, dass ihre Theologie und ihr Christusglaube der Theologie und der Christusgläubigkeit aller anderen Christen überlegen ist, weil sie sich näher an der Lehre der Apostel befinden als alle anderen.

Das stimmt natürlich nicht. Die evangelikale Bewegung ist nicht die vornehmste und christlichste aller christlichen Konfessionen. Und schon gar nicht ist sie eine homogene Gruppe, die sich ohne Weiteres anhand von drei, vier aufgezählten Merkmalen definieren ließe.

Das scheint sie aber nicht zu wissen. Erstaunlich viele Evangelikale reagieren bekümmert, wenn sie mit der Widersprüchlichkeit der eigenen Bewegung konfrontiert sind, wenn sie feststellen müssen, dass nicht jeder das glaubt, was sie selbst glauben. Sie fürchten dann, die ›Einheit‹ sei in Gefahr, ein theologischer Fachbegriff, der auf Jesus zurückgeht, der in seinen letzten Reden seine Jünger beschwor, »eins zu sein, wie ich und der Vater eins sind.« Jesus meinte damit die Liebe zueinander, was aus seinen Reden in Johannes 14 bis17 klar hervorgeht.

Viele Evangelikale aber verstehen unter ›Einheit‹ ›dogmatische Homogenität‹, also: dass alle dasselbe glauben. Ihnen scheint gar nicht aufzufallen, dass, wenn Jesus das Eins-Sein so verstanden hätte, die Kirche bereits im ersten Jahrhundert gescheitert wäre, weil es schon da mit der dogmatischen Homogenität vorbei war. Offensichtlich leuchtet nicht allen ein, dass man auch einig sein kann, wenn man anderer Meinung ist, weil nämlich die Liebe (und nicht die Lehre) das ermöglicht.

Vielleicht liegt das daran, dass unterschiedliche Meinungen und Ansichten häufig zu Spannungen führen. Insofern liegt die Frage nah, ob man denn einig sein kann, wenn man gleichzeitig Spannungen unter sich ertragen und austragen muss.

So wie ich Jesus verstehe, würde er sagen: Selbstverständlich. Man kann NUR auf diese Weise eins sein! Spannungen sind nicht böse oder per se zerstörerisch. Im Gegenteil, sie sind notwendig, sie können die Energie erzeugen, die wir benötigen, um als Einheit weiter voranzukommen. In gegenseitiger Liebe ist es möglich, Spannungen zu ertragen und Konflikte auszutragen. Aber das geht nur, wenn die eine Seite nicht versucht, die andere zu assimilieren oder mundtot zu machen, um die Homogenität wieder herzustellen.

Wer die Verse in 1. Korinther 12, Römer 12 und Epheser 4 liest, in denen der Apostel Paulus die verschiedenen

Gnadengaben des Heiligen Geistes beschreibt und damit verbunden die verschiedenen Verantwortlichkeiten und Ämter innerhalb der Gemeinschaft der Christen, der kommt um ein Wort nicht herum. Es fällt dort nicht, aber es wird beschrieben: Heterogenität – Unterschiedlichkeit, Buntheit, Vielfalt.

Nicht beschrieben werden Gleichheit, Einseitigkeit, Unterschiedslosigkeit. Warum? Weil hier Leben beschrieben wird, das Leben aus Gott. Und das Leben ist bunt. Es ist niemals homogen, es steht für kraftstrotzende, verwirrende, spannungsreiche, beglückende, aber auch zum Verzweifeln schöne Heterogenität.

Das kann einem schon Angst machen. Und das ist auch der Grund, warum wir uns mit Verschiedenheit so schwer tun. Weil sie unbequem ist, manchmal sogar gefährlich, weil sie uns Mühe macht und auch Mühe verspricht, denn wir wissen genau, was auf uns wartet, wenn wir uns mit denen zusammentun sollen, die so ganz anders sind als wir selbst– nämlich Arbeit, Stress und Streit.

Natürlich auch Lachen, Feiern, Lernen, Wundern, Überrascht-Sein. Ja sicher, das auch. Aber über kurz oder lang lassen wir uns vielleicht doch lieber vom Fernsehprogramm überraschen und genießen in unserer Gemeinde die Ruhe und Sicherheit derer, die sich in allem einig sind – und tun so, als wäre Einig-Sein das Eins-Sein, von dem der Christus sprach.

Ich habe gesagt, dass es Evangelikalien nicht gibt. Aber wenn Christen sich für die Homogenität und damit gegen das Leben entscheiden, dann passiert es, dann entsteht Evangelikalien. Das ist nicht nur unter Evangelikalen der Fall, das passiert auch unter russisch-orthodoxen, koptischen oder katholischen Christen und sogar unter sogenannten ›liberalen‹ Christen, die ihre Liberalität mit einem ähnlich fundamentalistischen Eifer verfechten, wie es die Frommen mit ihrer

Frömmigkeit tun. Der Begriff ist wirklich nur ein Hilfskonstrukt, den ich gewählt habe, weil ich selbst ein Evangelikaler bin (oder vielleicht bin ich es auch nicht mehr, ich weiß es gerade selbst nicht). Man könnte auch ›Ägypten‹ sagen. Aber bleiben wir ruhig bei ›Evangelikalien‹. Inzwischen weißt Du ja, was ich damit meine.

Evangelikalien ist ein hässlicher Ort. Er ist kalt, öde und lebensfeindlich. Jedenfalls für die, die sich seinen Regeln, Konventionen und Vorschriften nicht anpassen können oder wollen.

Ich bin vielen Menschen begegnet, die in ihrem persönlichen Evangelikalien psychisch zerstört worden sind. Sie wurden ausgegrenzt oder ausgebeutet oder missbraucht oder alles zusammen. Ihre Würde wurde missachtet, ihr Wesen und ihre Eigenarten wurden als ungenügend abgestempelt, vielleicht sogar als gefährlich, weil man vor einer Art Ansteckung Angst hatte.

Viele von ihnen sind mit letzter Kraft aus dieser Hölle geflohen, die sich selbst für das Paradies hält, und sind jetzt für ihr Leben gezeichnet. Ihnen wurden Wunden geschlagen, die nur ein Gott heilen kann, aber das Teuflische ist, dass sie ihnen im Namen des Gottes geschlagen wurden, der sie nach Meinung andere Frommer plötzlich wieder heilen will. Wer soll da noch durchsteigen? Wer soll da jemals wieder Vertrauen fassen? Und in wen?

Mir ist klar, dass es viele gibt, die sich dort wohlfühlen, wo andere ihr persönliches Evangelikalien erleiden müssen. Und diese Leute sind nicht schlecht oder böse. Nein, es ist noch viel komplizierter: Es sind gute Menschen. Sie handeln aus guter Absicht. Sie wollen für alle das Beste. Uneingeschränkt. Ohne Hintergedanken. Sie selbst fühlen sich in derselben Gemeinschaft, in der andere zugrunde gehen, geborgen und gut aufgehoben. Und sie verstehen einfach nicht, warum es anderen nicht so geht wie ihnen selbst. Sie sind der festen Überzeugung, dass Gottes Segen bei jeder Versammlung, bei jeder gemeinschaftlichen Handlung präsent ist, dass er wirkt, heilt und tröstet.

Leider erkennen sie aus irgendeinem Grund nicht, dass direkt neben ihnen jemand seelisch oder vielleicht sogar physisch stirbt. Und wenn sie es bemerken, dann haben sie dafür nur eine Erklärung, dass nämlich die Person selbst daran schuld sein muss. Denn würde sie die Hilfe und den Segen und die Zuwendung Gottes und der Gemeinschaft annehmen, dann würde es ihr auch besser gehen. Da es ihr schlecht geht, kann das nur bedeuten, dass sie sich der göttlichen Zuwendung verweigert. Und dann kann man da leider nichts machen ...

Ich habe dafür Verständnis, weil ich die allermeiste Zeit meines Lebens selbst so gedacht habe. Es ist ein Irrtum, ein tödlicher sogar, aber dieser Irrtum ist tatsächlich nachvollziehbar. Denn uns allen passiert er permanent, seien wir gläubig oder nicht, Teil einer Kirche oder gemeindelos.

Ich geb Dir ein Beispiel: Über die Hälfte aller Bundesbürger besitzen ein Smartphone. Es ist eines der vielen Luxusgüter, an die wir uns gewöhnt haben. Wenn wir darauf verzichten würden, müssten wir zahlreiche Gewohnheiten ändern. Es ist ein selbstverständlicher Teil unseres Lebens geworden.

Natürlich wissen wir ganz genau, dass andere Menschen für unseren Luxus einen hohen Preis bezahlen. Kinder verrichten im Kongo Sklavenjobs, um die Edelmetalle zu finden, die für die Herstellung der Platinen benötigt werden. Sie leiden seelisch und physisch, ihre Gesundheit wird ruiniert, ihre Zukunft wird mit jedem weiteren Tag in den Minen ein Stückchen mehr zerstört. Viele sterben bei Arbeitsunfällen.

Sie sind Bewohner derselben Welt, auf der auch wir leben. Sie sind Teil desselben Systems. Aber wir sind die Profiteure dieses Systems. Und sie sind die Verlierer. Das ist der Unterschied zwischen ihnen und uns.

Man könnte endlos damit fortfahren, Beispiele aufzuzählen, wo wir gewinnen, weil andere verlieren: Unser Lebensstil, unser Luxus zerstört das Leben einzelner und die Lebensgrundlagen vieler, ob es unser Fleischkonsum ist, unser Energieverbrauch, unsere Art uns fortzubewegen oder was auch immer. Es sind nicht konkret wir als einzelne Personen, die das Leben der anderen zerstören. Aber das System, das uns ›gut tut‹ und das wir deshalb erhalten wollen, weil wir auf seine Vorzüge nicht verzichten möchten, ist dasselbe, das ihr Leben vernichtet.

Genauso ist es auch mit Evangelikalien. Auch hier gibt es Gewinner und Verlierer. Auch hier sind solche, die daran wachsen und gedeihen, und solche, die daran kaputt gehen. Warum ist das so? Weil die Regeln, Konventionen, Bräuche und Erwartungen einer bestimmten Gruppe von Leuten entsprechen, aber eben nicht allen.

Für Christen wäre es doch selbstverständlich, dass in einem solchen Fall, in dem die eine Person aufblüht, während die andere verblüht, sich diejenige, der es gut geht, selbst hinterfragt. Es wäre doch selbstverständlich, dass die vermeintlich Starken, die Profiteure, sich den Verlierern zuwenden und sie fragen, was hier eigentlich falsch läuft, was ihnen fehlt und was sich ändern muss, damit es auch ihnen wieder besser geht.

Aber genau das passiert äußerst selten. Viel häufiger werden die Verlierer dazu angehalten, sich selbst zu hinterfragen und den Grund dafür herauszufinden, warum es ihnen nicht gut geht. Schließlich geht es um Fragen der Sicherheit, der Bequemlichkeit, des Wohlstandes und ganz bestimmt auch der immer wieder neu zu bestätigenden Hierarchien (also: um Macht). Und all diese Güter sind so fragil und so störanfällig, dass das System mit allen Mitteln erhalten bleiben soll: »Besser, es stirbt der eine für das ganze Volk, als dass das ganze Volk stirbt«, sagte der Hohepriester und übergab Jesus an die Römer, die ihn dann kreuzigten. Das ist überhaupt nichts Neues. Das lief schon immer so.

Und gerade das müsste uns fromme Menschen doch stutzig machen: dass wir es so halten, wie es die Menschheit schon immer gehalten hat. Gerade jenen mit ihrem unglaublich elitären Anspruch, die wahrhaftig evangelischen Christen zu sein (im Gegensatz zu all denen, die nur so tun, als ob), jenen, die sich eben nicht dieser Welt gleich wähnen, gerade denen müsste es doch seltsam vorkommen, wenn sie sich an dieselben Spielregeln halten wie alle anderen weltlichen Systeme auch, und zwar nur, um ihre Sicherheit, ihren Wohlstand und ihre Macht zu erhalten.

Ja klar, es würde uns schon stutzig machen, wenn wir es bemerken würden. Aber wir haben ja noch unsere Theologie als Geheimwaffe. Und die bestätigt uns darin, dass es sich keinesfalls um Fragen der Sicherheit, der Macht und Bequemlichkeit handelt, sondern einzig und allein um die Wahrhaftigkeit des Evangeliums. Wer uns also unter die Räder kommt, ist selber schuld. Schließlich saß die Person nicht im Wagen drin, sondern trieb sich draußen auf der Straße rum, als wir über sie hinwegrollten.

Bei einer Gebetsgemeinschaft mit charismatischen Christen (das sind die, die von sich behaupten, nicht evangelikal zu sein, obwohl sie zu den evangelikalsten Christen überhaupt gehören), hatte ich einen prophetischen Eindruck, den ich auch laut sagte. Die anderen hielten ihn für einen Witz, dabei meinte ich es todernst.

34

Wir saßen in einem wunderschönen hohen Gebetsraum. Es war ein regnerischer Spätsommertag. Deshalb war das Dachfenster, das das Licht hereinließ, geschlossen. Während wir beteten, versuchte ein Wespe verzweifelt nach draußen zu gelangen und stieß wieder und wieder gegen die Scheibe.

Als ich sie bemerkte, dachte ich: So geht es wahrscheinlich all den Dämonen, die verzweifelt versuchen, unsere Gemeinden zu verlassen, weil sie die Gegenwart von Jesus nicht ertragen können. Das Problem ist, dass wir die Fenster geschlossen halten, weil wir sie gar nicht gehen lassen wollen. Ich sprach diesen Eindruck aus und erntete Gelächter.

Wir lassen sie nicht gehen: unseren Hunger nach Macht, unsere Ausgrenzung anderer Lebensstile und Lebenseinstellungen, unsere Bequemlichkeit, unser Bedürfnis, recht zu haben, unseren Statusdünkel, all das, wovon wir profitieren, während andere darunter leiden.

Ich glaube tatsächlich, dass es sich um lebensfeindliche und deshalb gottfeindliche – nenne es ruhig: dämonische – Mächte handelt, die wir zu kontrollieren meinen, während sie in Wirklichkeit uns kontrollieren und aus einem vermeintlich schönen Ort die Hölle machen.

Jetzt bin ich am Ende des Kapitels angelangt und habe mit noch keinem Wort das Gemälde erwähnt. Ich kann es kurz machen. In unserem Keller fand ich eine alte Zimmertür, die auf den Sperrmüll wandern sollte. Weil mir große Malgründe fehlten, nahm ich sie mit in mein Atelier. Dort blieb sie erst einmal, bis mir das passende Motiv einfiel.

Was Du siehst, ist eine Garten-Eden-Szene. Das nötige Personal ist da: der Mann, die Frau, die Schlange und auch der Baum. Im Zentrum aber befindet sich eine Gazelle. Sie blickt sich ängstlich um, während sie die Treppen zu einer grünleuchtenden Tür hinaufspringt und zu entkommen versucht. Das ist kein Wunder, denn Mann, Frau und Schlange sind Monster, roboterhafte Wesen, die mehr tot als lebendig wirken, auch wenn sie sich zu bewegen scheinen. Selbst der Baum wirkt tot.

Die Kreatur flieht. Das Paradies, das der Mensch kultivieren und verwalten soll, das ihm von Gott anvertraut worden ist, ist zu einem Ort geworden, aus dem man nur noch weglaufen will.

Ich weiß nicht mehr genau, wie ich auf dieses Motiv gekommen bin. Zu diesem Zeitpunkt war ich noch nicht allzu lange aus meinem Beruf als Jugendevangelist ausgestiegen. Die Welt, die ich hinter mir ließ, hatte ich bereits ›Evangelikalien‹ getauft, und das meinte ich auch damals schon polemisch. Aber es war mir selber nicht klar, was das konkret sein sollte. Vor allem dachte ich dabei an ein Leben voller Ambitionen, Gemeindepolitik und zweckgebundener Beziehungen, das mir vor allem in den letzten Jahren meiner Tätigkeit mehr und mehr seelisch geschadet hatte.

Zu dem Zeitpunkt, als ich mir das Bildmotiv ausdachte, hätte ich dieses Kapitel noch nicht schreiben können. Ich hatte für das, was ich empfand und was ich meinte, verstanden zu haben, noch zu wenig Begriffe.

Die Kunst ist in der Lage, Dinge bildhaft auf den Punkt zu bringen, ohne dass man für diese Dinge schon eine präzise Sprache gefunden hätte. Das macht sie so wichtig, weil sie uns Zugänge zu Fragen ermöglicht, denen wir uns auf sachlicher Ebene noch gar nicht nähern können. Und manche Dinge lassen sich auch nur so – künstlerisch, ästhetisch – in den Blick fassen, weil sie sich Worten entziehen oder weil Worte sie immer nur ungenügend wiedergeben können.

›Flucht aus Evangelikalien‹ ist ein autobiografisches Bild. Die Gazelle ist meine Chiffre. Wenn ich sie male oder zeichne, meine ich mich selbst damit. Aber nicht nur die

Gazelle soll mich darstellen, auch das Evangelikalien, das höllische Paradies, ist mein ganz persönliches: Es besteht aus meiner Theologie, meinen Ambitionen und meinem Hochmut, es ist dort so dunkel aufgrund meiner eigenen Unfähigkeit, mich der Andersartigkeit der anderen zu öffnen.

Wenn es in dieser Zeit, in der ich das Bild malte, etwas gab, was ich an anderen abstoßend oder alarmierend empfand, dann waren das Eigenschaften, die auch ich selbst besaß. Klar war mir das nicht, ich habe es erst im Rückblick begriffen.

Ich habe mich also auf die Flucht aus Evangelikalien gemacht. Aber ich bin ganz sicher noch auf dem Weg. Und manchmal muss ich dem Drang widerstehen, zu seinen Fleischtöpfen zurückzukehren. Schließlich gab es Zeiten, in denen ich zu seinen Profiteuren gehörte.

3. Wie meine Söhne mir die Angst austrieben

Über unserem Ehebett hängen zwei Gemälde im Format DIN A2. Es sind Papierbögen von einem Flipchart, Du weißt schon, diese Tafeln, die man oft bei Vorträgen benutzt, um Diagramme zu zeichnen oder Stichpunkte zu notieren.

Wir haben das alte Flipchart an einer Straßenecke gefunden. Ein Zettel klebte daran mit der Aufschrift ›zu verschenken‹. Das ließen wir uns nicht zweimal sagen und schleppten das schwere Ding nach Hause. Jetzt stand es auf unserem Balkon und wartete auf seinen Einsatz.

Der kam an einem Sommertag. An diesem Tag schrieb meine Frau an ihrer Examensarbeit. Es waren Ferien. Um in den Urlaub zu fahren, hatten wir zu wenig Geld. Und ehrlich gesagt, ist es auch kein allzu großes Vergnügen, mit zwei Autisten zu verreisen. Bis wir uns als Familie an die Ferienwohnung gewöhnt haben, ist der Urlaub schon wieder vorbei, und alle sind erleichtert, endlich nach Hause fahren zu dürfen. Außerdem musste ja, wie gesagt, meine Frau arbeiten.

Es war also meine Aufgabe, unsere Jungs bei Laune zu halten. Wir pirschten über diverse Spielplätze der Stadt, gingen in den Wald, schauten ›Shaun das Schaf‹ und dachten uns andere Möglichkeiten aus, die Zeit totzuschlagen.

Eines Tages fiel mein Blick auf das Flipchart, und ich beschloss, dass wir gemeinsam Bilder malen würden. Wir waren alle drei keine besonders begeisterten Maler. Die Jungs hassten es, ihre Finger schmutzig zu machen, und ich scheute den Aufwand, der dafür normalerweise nötig war: den Tisch mit Zeitungspapier abdecken, Malkästen und Pinsel aus vergessenen Tiefen großer Schubladen ausgraben, Gläser mit Wasser aufstellen und dann die Jungs im Abstand von jeweils zwei Minuten dreißig zur Vorsicht ermahnen. Aber das Malen am Flipchart versprach, etwas Besonderes zu werden. Wir würden wie echte Künstler an einer Staffelei stehen. Wir würden alle Vorsichtsmaßnahmen vergessen und einfach loslegen. Es ging ja um nichts. Der einzige Erfolg, den wir uns erhofften, war der, dass wir am Ende eine Stunde des Tages halbwegs sinnvoll zugebracht hatten. Ich kramte also diese Wasserfarben hervor, wie sie auch in der Schule benutzt werden, und ein paar kaputte Pinsel, und dann fingen wir an.

Und wie! Meine Söhne brachten wunderschöne, abstrakte und völlig sinnfreie Farbschlieren zustande, um die ich sie beneidete und die ich einfach nicht kopieren konnte, weil sich in meinem Gehirn permanent eine Art Kontrollinstanz meldete, die es mir verbot, IRGENDETWAS zu malen. Nach Meinung meines Über-Ichs hatte das, was ich malte, sinnvoll zu sein, es musste eine Form haben, die auf etwas Konkretes verwies und wiedererkennbar war.

Unser älterer Sohn malte kunstvolle, auf das Äußerste redu- zierte Schemen von Tieren, die ich aufrichtig bewunderte. Ich versuchte ihn nachzuäffen. Die beiden Bilder hängen hinter mir an der Wand, während ich dies schreibe, und wenn ich mich umdrehe und betrachte, was ich gemalt habe, kann ich nur selbstmitleidig den Kopf schütteln.

Wie armselig das ist! Wie unglaublich gehemmt ich zu Werke gegangen bin! Meine Bemühungen, es ›richtig‹ zu machen, waren gerade deshalb von vornherein zum Scheitern verurteilt. Und wie elegant im Gegensatz zu meinen die Linien der Jungs sind, welche Rotznäsigkeit, Unbekümmert- heit und Selbstverständlichkeit sich darin ausdrückt!

Das, was meine vier- und sechsjährigen Söhne an diesem Nachmittag herstellten, ist wirklich Kunst, und zwar nicht, weil sie hochbegabt wären – das sind sie nämlich nicht, auch wenn sie Autismus haben –, sondern weil sie imstande waren, ihre kreativen Energien frei fließen zu lassen. Weil sie Kinder waren. Weil sie in diesem Moment keine Angst vor gar nichts hatten. Meine Elaborate dagegen sind einfach nur kläglich.

Dennoch hängen die Bilder immer noch an unserer Wand. Sie bedeuten mir nämlich sehr viel. Einerseits natürlich deshalb, weil sie die Zeugnisse einer schönen gemeinsamen Erfahrung mit meinen Söhnen sind. Vor allem aber, weil ich während der Arbeit an ihnen zum ersten Mal bewusst erlebt habe, wie heilsam, wie beglückend künstlerische Arbeit sein kann.

Ich schreibe ›Arbeit‹, und wenigstens in diesem Fall ist das mit Sicherheit das falsche Wort. Es handelte sich vielmehr um eine Art von Spiel, das wir gemeinsam spielten. Die Künste sind immer eine Art von spielerischer Erfahrung. Wenn Du zum Beispiel einen Roman liest, dann lässt Du dich spielerisch auf seine fiktive Realität ein. Für die Dauer der Lektüre glaubst Du das, was Du da liest, Du vertiefst Dich in die Geschichte, als wäre sie ein Teil Deiner Wirklichkeit. Und zu einem gewissen Grad ist sie das auch, so wie es für Kinder ist, wenn sie sich in ihre Rollenspiele verlieren und ›wirklich‹ Cowboys, Indianer oder Yedi-Ritter sind. Der englische Literaturkritiker, Dichter und Philosoph Coleridge fasste das Phänomen in einer Theorie zusammen, die er ›willing suspension of disbelief‹ nannte, also die willentliche Aussetzung der Ungläubigkeit. Wenn Du aus Deiner Lektüre wieder auftauchst, ist das Spiel vorbei.

Sogar dem Autor einer Geschichte geht es so. Und der Maler eines Gemäldes erlebt etwas Ähnliches. Alle Kunstschaffenden spielen eine Art von packendem Spiel, wenn sie sich vorbehaltlos in ihre Arbeit stürzen. Dieses Spiel, das natürlich etwas total Ernstes, fast schon Heiliges ist und keine bloße Spielerei, ist eine unglaublich befreiende Erfahrung.

Als wir mit unserer Arbeit an den Bildern fertig waren, war ich fassungslos. Das, was ich empfand, war etwas Gutes im besten und reinsten Sinne des Wortes, in dem Sinn, den Jesus benutze, als er zu dem reichen jungen Mann sagte: »Was nennst du mich gut? Niemand ist gut als Gott.« Das Gute als eine der originären Eigenschaften der Gottheit, dieses Gute meinte ich, als ich hinterher meiner Frau mitteilte: »Das hat gutgetan!«, woraufhin sie mich etwas verständnislos anlächelte.

Ich verstand es ja selbst nicht. Ich wusste nur, dass ich gerade eine wichtige Erfahrung gemacht hatte.

In den Kreisen, aus denen ich stamme und die ich immer noch als meine geistige Heimat betrachte, wurde manchmal vor der Kunst gewarnt. Sie könne berauschen, hieß es, und das vertrage sich nicht mit der Nüchternheit, zu der Jesus seine Nachfolger aufgerufen habe. Sie sei oft Trägerin destruktiver Botschaften, sie manipuliere unter Umständen das Unterbewusstsein eines Menschen und sei damit Einfallstor für zerstörerische, gottlose Kräfte.

Ich kann das nachvollziehen. Ich kenne Kunsterfahrungen, die bei mir Unwillen, manchmal sogar Abscheu hervorgerufen haben und von denen ich mich auf eine spirituelle Art beschmutzt gefühlt habe. Es ist überhaupt nicht mein Wunsch, alles zu verharmlosen, was im Namen der Kunst geschieht.

Ich glaube aber: Derjenige, der als erster die künstlerische Arbeit aufnahm, ja, der sie erfand, ist der Schöpfergott selbst. Er formte aus Chaos und Dreck die Erde und alle Lebewesen. Und der, den wir Christen als den Heiland anbeten, weil er der Ursprung aller Heilung ist, nutzte selber künstlerische Strategien, um den Menschen seine Botschaft mitzuteilen, und er tat es meisterhaft.

Die Künste können also unmöglich an sich schlecht oder auch nur unwichtig sein. (So weit ich das überschauen kann, behauptet das auch niemand ernsthaft.) Wenn wir heilsame Erfahrungen in der Kunst machen, dann weist das doch vielmehr darauf hin, dass wir hier etwas über Gott lernen können, was uns bisher möglicherweise noch überhaupt nicht bekannt ist.

Ich habe gesagt, dass die Erfahrung, die ich beim Malen mit meinen Kindern gemacht habe, gut war. Für lange Zeit konnte ich das nicht konkreter fassen. Es war so gut, dass ich mich näher mit dem Malen beschäftigte, dass ich mich über den Unterschied zwischen Acrylfarben, Ölfarben und Wasserfarben schlau machte, dass ich mich mit unterschiedlichen Maltechniken beschäftigte und mir eine Staffelei zum Geburtstag wünschte. Ich wollte dieses Erlebnis noch einmal haben. Mir schien, dass ich den Zugang zu einem Glück gefunden hatte, das ich bisher noch nicht kannte.

Aber als ich später erneut einen Pinsel in der Hand hielt und vor dem leeren Keilrahmen auf der Staffelei stand, spürte ich kein Glück und auch keine Freiheit. Ich hatte Angst, Angst davor, zu scheitern.

Ich hasse es, zu scheitern. Ich hasse es, das Gefühl zu haben, nicht gut genug zu sein. Und wenn ich das mal so offen sagen darf: Das ist nicht nur eine ur-menschliche Angst, die Du bestimmt auch kennst, sondern es ist auch eine ur-evangelikale Angst.

Wir Evangelikalen haben schreckliche Angst davor, ungenügend zu sein. Wir glauben zwar, dass der Christus uns errettet hat, dass er dafür gestorben ist, damit wir frei sein können von der Schuld und der Anklage des Satans. Wir bestehen darauf, dass der, der wahrhaft glaubt, darüber Gewissheit hat, dass er gerettet und von Gott angenommen ist. Aber Hand aufs Herz, wer von uns glaubt das denn wirklich?

Ist es nicht vielmehr so, dass wir uns nie ganz sicher sind, ob der göttliche Blick uns wohlwollend oder doch eher missbilligend begleitet? Wer von uns betet in der Gewissheit, dass ein liebender ›Abba‹ es kaum erwarten kann, dem Gestotter seines Kindes zu lauschen? Ist es nicht so, dass wir ihn eher als unseren leiblichen zeitunglesenden Vater vor Augen haben, der, von einem langen Arbeitstag rechtschaffen müde, eigentlich nur noch eines will, nämlich in Ruhe gelassen zu werden? Und ist das nicht der Grund, warum wir diese melodramatischen Gebete formulieren, die jede Alltagssprache hinter sich lassen und von kitschigen Floskeln strotzen, weil wir wirklich alles richtig machen wollen, sogar dann, wenn wir mit unserem sogenannten himmlischen Vater sprechen?

Als ich mich vor der Leinwand wiederfand, entdeckte ich, was für ein regelfixierter Kontrollfreak ich bin. Ich wollte alles richtig machen. Ich hatte Angst davor, loszulassen, und noch größere Angst davor, zu versagen. Und das war der Unterschied zu dem Malerlebnis auf dem Balkon.

Auch dort hatte ich alles richtig machen wollen. Aber meine Söhne hatten mich sozusagen an die Hand genommen. Sie hatten mir mit ihrer kindlichen Anarchie die Angst ausgetrieben. Und was ich dadurch erlebte, war Freiheit. Die Freiheit, die man empfindet, wenn man nach langer Wanderung auf dem Gipfel steht und ins Tal hinabblickt. Das Gefühl von Weite, wenn man über den Kamm der Düne klettert und plötzlich das Meer vor sich sieht.

Jesus hat gesagt: »Wenn ihr nicht wie die Kinder werdet, werdet ihr das Reich der Himmel nicht sehen.« Damit fordert er uns nicht dazu auf, naiv und unmündig zu bleiben und möglichst wenig unseren Verstand zu gebrauchen, damit wir nach unserem Tod in den Himmel kommen. Darum geht es sowieso nicht. Jesus sprach meiner Ansicht nach nicht vom ›Leben nach dem Tod‹.

Das Reich der Himmel ist das, was zusammen mit seinem Auftreten hier auf der Erde begonnen hat. Es ist ein Leben in Freiheit, das auch von äußeren Zwängen nicht eingeschränkt werden kann. Es ist kein regelloses Leben, aber eines, das die Kraft hat, sich über Regeln hinwegzusetzen, wenn sie unnötig oder sogar zerstörerisch geworden sind. Es ist ein furchtloses Leben, das sich trotz aller Bedrängnisse auf die Zukunft freut. Und es ist ein heilendes Leben, das in sich selbst fortfährt zu gesunden und das auch für andere heilsam ist. Weil wir wissen, dass alles in Ordnung ist, dass es nichts gibt, vor dem wir uns fürchten müssten. Weil Gott gut ist, und weil er für uns da ist. Einfach so.

Die künstlerische Arbeit hat mich das neu und auf eine gewisse Art zum ersten Mal entdecken lassen. Aber das ist nicht das einzige, was sie mich gelehrt hat.

4. Timmy, Jimmy und das Osterlachen

Timmy liebte alles, was sich drehte. Die Räder seiner Spielzeugautos, die Lichterpyramiden mit dem drehenden Propeller aus dem Erzgebirge, Ventilatoren, Windräder und natürlich: Waschmaschinen!

Seine Vorliebe für Waschmaschinen begann wahrscheinlich, als er seiner Großmutter dabei zuschaute, wie sie Wäsche in die Maschine stopfte und diese dann anstellte. Seitdem war es um ihn geschehen. Er konnte für die Dauer eines gesamten Waschgangs vor der Waschmaschine hocken, wenn wir ihn ließen, und der sich drehenden Trommel zusehen. Das waren immerhin neunzig bis hundertzwanzig Minuten!

Man könnte denken, dass uns das entlastet hätte. Schließlich ist es besser, ein Kind vor der Waschmaschine zu parken als vor einem Fernseher. Das Problem war nur, dass Timmy nie ganz alleine sein wollte, wenn er seinem ausgefallenen Vergnügen nachging. Und die Maschine stand im Keller. Wir hatten also nur die Wahl zwischen zwei Möglichkeiten: Entweder wir ertrugen sein andauerndes Gequengel, dass er endlich Waschmaschine gucken wollte. Oder wir begleiteten ihn in den Keller. Sehr häufig lief es auf Letzteres hinaus.

(Veröffentlicht im Februar 2015 in DAS MAGAZIN.)

Dies ist der Beginn einer meiner Geschichten. Sie heißt ›Timmy guckt Waschmaschine‹ und handelt von einer vierköpfigen Familie, deren beide Söhne Autisten sind und den stinknormalen Alltag als ein einziges Abenteuer erleben.

Natürlich. Die Parallelen dieser fiktiven Familie zu unserer tatsächlich existierenden sind offensichtlich. Ich habe uns nur oberflächlich verfremdet, um es nicht allzu offensichtlich autobiografisch zu machen und um die Freiheit zu haben, das eine oder andere Detail zu ändern, zu überzeichnen oder einfach wegzulassen. Aber im Wesentlichen sind diese Geschichten tatsächlich so passiert.

Und sie sind lustig. Das hat Leser – und bei der einen oder anderen meiner Lesungen auch Hörer – gefreut: dass die Geschichten Stoff zum Lachen enthalten, obwohl sie von einem Schicksal handeln, über das man normalerweise eher bekümmert und mit betroffenem Gesichtsausdruck sprechen würde.

Dabei ist damit vielleicht gar nicht jeder einverstanden. Meine Frau hat einmal einen Artikel in der Brigitte veröffentlicht. Sie nannte ihn ›Das etwas andere Glück‹ und versuchte darin, unsere Lebenssituation wertschätzend und positiv zu beschreiben, ohne die mit ihr verbundene Traurigkeit auszuklammern. Sie hat dafür viele freundliche und dankbare Rückmeldungen bekommen. Aber einer Frau, Mutter eines autistischen Kindes, war ihre Darstellung zu positiv. Sie fühlte sich in ihrem Leid nicht ernst genommen und machte das in einer wütenden E-Mail unmissverständlich klar.

Es ist natürlich völlig berechtigt zu fragen: Darf man über leidvolle Situationen lachen? Ich finde: Sofern es sich um das eigene Leid handelt und man es fertig bringt, sollte man das sogar.

Das Lachen hat uns schon oft den Hals gerettet. Es hat Momente gegeben, in denen ich heulend in der Waschküche auf dem Boden hockte, weil ich die Angst und Traurigkeit nicht mehr ertragen konnte. In anderen Momenten fühlte ich kaum noch etwas, bloß eine dumpfe Verzweiflung, die wie hartnäckige Kopfschmerzen einfach nicht weggehen wollte. Diese Tage sind zum Glück schon seit Längerem vorbei. Aber die Möglichkeit, dass sie zurückkehren, besteht zu jeder Zeit.

Was rettet einen Menschen in Situationen, in denen er vor Schmerz nicht mehr aus noch ein weiß? Ist es das Gebet?

Klar, gebetet habe ich viel. Je größer die Verzweiflung, desto ausdauernder. Wobei ich sagen muss, dass ab einem bestimmten Punkt, an dem der Schmerz zu groß wird, das Gebet verstummt. Es gibt dann nichts mehr zu sagen. Jedes Wort erscheint als das, was es beim Beten wahrscheinlich immer schon ist: als unpassend und völlig ungenügend. Wenn sich dann noch das Gefühl einstellt, dass der, zu dem man betet, es eh nicht hört und, sollte er es hören, er gerade keine Zeit hat, darauf zu reagieren, dann hört man irgendwann auf.

Tja, und was gäbe es sonst noch, was einem verzweifelten Menschen helfen könnte? Ich mache es kurz. Es ist natürlich das Lachen.

Es ist das Lachen, gerade in jenen Situationen, in denen es nichts mehr zu lachen gibt. In diesen Momenten ist der gesegnet, der sich selbst mit Humor und einer Prise Ironie betrachten und sein eigenes klägliches Dasein lustig finden kann. Der einzige Witz, den es dann noch gibt, ist man selbst. Und die einzige Rettung besteht darin, das nicht als vernichtend, sondern als befreiend zu empfinden.

Denn das ist es tatsächlich. Ich hoffe, ich kann Dir das im Folgenden einigermaßen einleuchtend erläutern, denn sonst denkst Du noch, ich wäre zynisch. Und das bin ich absolut nicht, ich habe selbst die befreiende Kraft eines ›heiligen‹ Lachens kennengelernt.

Damit meine ich übrigens nicht das hysterische Gelächter, wie man es manchmal auf pfingstlich-charismatischen Veranstaltungen beobachten kann. Ich persönlich habe dagegen eigentlich nichts, solange die Menschen, während sie über den Boden rollen, sich nicht verletzen. Ich habe mal gelesen, dass jegliche Art des Lachens grundsätzlich psychisch und auch physisch gesund, ja sogar heilsam sein soll. Wer sich also als von Gott berührt wähnt, während er sich ausschüttet, soll das meiner Ansicht nach gerne tun, solange er nicht von mir erwartet, dass ich mich daneben lege.

Ich denke eher an das sogenannte Ostergelächter, das bis ins neunzehnte Jahrhundert hinein ein katholisches Brauchtum war: An Ostern wurde die Gemeinde zum Lachen gebracht. Der Tod wurde ausgelacht, weil er sich an Christus verschluckt hat. Jetzt hat er seinen Schrecken verloren, und die, die bisher in Angst vor ihm gelebt haben, sind seiner Schreckensherrschaft entkommen und können es sich leisten, den Tyrannen auszulachen.

Ein schöner Brauch, mit dem die Reformatoren nichts anzufangen wussten, weil die Pfarrer, wenn sie die Menschen zum Lachen brachten, nicht sehr zimperlich waren bei der Wahl ihrer Mittel und auch frivole und obszöne Witze den heiligen Zweck erfüllten.

Das Ostergelächter als Brauchtum gibt es kaum noch. Aber das ist vielleicht gar nicht schlimm. Denn die Bedeutung von Ostern ist doch die, dass jetzt, heute, jeden Tag das neue Leben des auferstandenen Christus mitten im trüben und vom Kummer gezeichneten Alltag aufscheint. Das ist doch Ostern, dass etwas Neues, gänzlich Anderes und gleichzeitig Altbekanntes da ist, die neue Schöpfung, die Vereinigung von Himmel und Erde, und zwar da, wo der Christus ist, und das bedeutet: überall.

Das sollte man feiern. Dann, wenn es am dunkelsten ist und wenn es am schwersten fällt, weil es eine Wahrheit ist, die nicht ins Leben geglaubt werden muss, sondern die da ist und die Welt verändert hat, ob man es nun glaubt oder fühlt oder weiß oder will oder nicht.

Und welch bessere Art sollte es geben, das neue Leben zu feiern, als dadurch, dass man lacht? Notfalls über sich selbst, wenn es sonst nichts zu lachen gibt. Denn wer über sich selbst lacht, stirbt ein wenig oder ist schon längst tot, und das nicht in einem selbstmörderischen, auto-aggressiven Sinn, sondern in dem Sinn, wie Jesus es meinte, als er sagte: »Wer mir folgen will, der verleugne sich selbst und nehme sein Kreuz auf sich und folge mir nach.«

Ja, ich weiß, wenn wir diese Sätze lesen, meinen wir, den Querbalken des Kreuzes auf den Schultern zu spüren, so schwer scheinen sie zu wiegen. Aber ich höre sie so nicht mehr. Natürlich stimmt es, dass Jesus mit diesen Worten sein bevorstehendes Leiden anspricht. Und die Evangelisten berichten davon, dass ihm selbst davor graute. Die, die an ihn glauben und von ihm lernen wollen, fordert er auf, ihn auf diesem Weg zu begleiten. Das verursacht erst einmal ein mulmiges Gefühl.

Ich fürchte aber, dass uns allen so oder so Leid bevorsteht, dem einen mehr, dem anderen weniger, bei dem einen früher und bei dem anderen später. Es wird kommen, das steht fest. Und wenn die einzige leidvolle Erfahrung unseres Lebens darin bestehen würde, dass geliebte Menschen sterben und am Ende wir selbst – zumindest das bleibt niemandem von uns erspart.

Es wäre also sinnvoll, sich mit der Tatsache anzufreunden, dass Leid zum Leben dazugehört. Es so gut es geht zu verdrängen und zu vermeiden ist auf Dauer nicht erfolgreich, kann nicht erfolgreich sein.

Die Frage ist doch eher, WOFÜR wir leiden, welches Leid wir wann und aus welchen Gründen auf uns nehmen wollen. Man kann für seine Genüsse und Süchte leiden oder für geliebte Menschen. Man kann unter den Folgen seiner menschenverachtenden Entscheidungen leiden oder aus Liebe zu anderen. Niemand kann darüber entscheiden, ob sie oder er leidet, aber man kann sehr wohl darüber entscheiden, wofür man leiden möchte. Zumindest in Teilen.

Ich glaube, dazu lädt uns Jesus ein: mit ihm gemeinsam zu leiden, an seiner Seite, für seine Sache. Und das Lachen hilft dabei, ja, auch das Über-sich-selbst-Lachen, sogar gerade das.

Warum? Weil es mich von mir selbst distanziert. Weil es mir hilft zu begreifen, dass mein Wohlergehen nicht alles ist, sondern dass es Wichtigeres gibt als das. Und weil es dem Leid die Freude der Auferstehung entgegenhält. Wer davon ausgeht, dass er wieder aufersteht, kann es sich leisten, zu sterben.

Diese Hoffnung, diese Auferstehungshoffnung, ist allerdings hilfreich, um dem Schmerz ins Gesicht zu lachen. Das war schon bei den Germanen so. Es gibt unzählige Geschichten von Kriegern, die angesichts ihres bevorstehenden Todes lachten. Okay, sie gingen davon aus, dass sie bei Wotan wieder aufwachen und bis zur Götterdämmerung Met saufen und kämpfen würden. Das hat nichts mit der christlichen Auferstehungshoffnung zu tun, aber es scheint dabei geholfen zu haben, fröhlich in den Tod zu gehen.

Jesus hat natürlich etwas anderes im Sinn gehabt, als er uns dazu einlud, seinen Weg zu gehen. Vor allem ging es ihm nicht darum, uns eine Form der Weltflucht zu ermöglichen – also sozusagen den Scheiß hier unten hinter uns zu bringen, um endlich im Himmel anzukommen, wo alles superschön ist. Im Gegenteil, sein Leiden und natürlich seine Auferstehung hatten Auswirkungen im Hier und Jetzt. Sie veränderten (und verändern) das Leben sofort.

Zum Zeitpunkt seines Todes am Karfreitag waren die Mächte, die das Leben auf dieser Erde zur Hölle machen, besiegt. Und am Ostersonntag begann mit seiner Auferstehung eine neue Schöpfung.

Mit dem Christus gemeinsam zu leiden heißt, daran Anteil zu haben, sowohl an seinem Leiden als auch an seiner neuen Schöpfung. Christusgemäßes Leiden schafft neue, schöne Fakten, die das Leben in dieser Welt bereichern. Da ist es wie mit der Kunst: Es ist kein Zufall, dass die größten Kunstwerke sehr häufig von leidenden Menschen in leidvollen Zeiten geschaffen wurden. Das scheint ein kosmisches Prinzip zu sein: »Wenn das Weizenkorn nicht in die Erde fällt und stirbt, bleibt es allein. Wenn es aber stirbt, bringt es viel Frucht«, hat Jesus gesagt.

Es stimmt. Nicht nur die Natur spiegelt dieses Prinzip wider, sondern auch die vielen, vielen Menschen auf dieser Welt, die ihr Leid gelassen, fast schon fröhlich hinnehmen.

Immer, wenn mir das gelingt, mag ich mein Leben. Sehr. Wenn ich aber dagegen rebelliere, finde ich alles unerträglich. Wie gesagt, ich halte dieses Hinnehmen der Dinge nicht für Eskapismus, auch nicht für Fatalismus. Für mich ist das die reinste Form eines fröhlichen, jesuanischen Realismus. In der Gewissheit, dass der Tod nicht das letzte Wort hat – ob ich das gerade glauben kann oder nicht.

5. Kunst als Sabotage

Ich weiß nicht mehr, was überhaupt der Anlass war. Alles, woran ich mich erinnern kann, ist die Tatsache, dass ich diesen Stuhl nahm, diesen kleinen, roten Plastikstuhl für Kinder, und ihn mit einem Schwung auf dem Fußboden zertrümmerte. Das war in unserem Wohnzimmer. Erst in diesem Moment wurde mir klar, dass das, was ich da gerade getan hatte, doch ein wenig – eigentlich sogar wortwörtlich – den Rahmen gesprengt hatte.

Wie gesagt, an den konkreten Anlass erinnere ich mich nicht. Ich nehme an, dass ich mal wieder mit irgendwas überfordert war. Wahrscheinlich mit der Erziehung unserer Söhne. Aber das ist eigentlich egal, denn zu dieser Zeit überforderte mich alles Mögliche. Deshalb brauchte es niemals viel, um mich an den Rand des Wahnsinns zu treiben oder eine heftige Reaktion hervorzurufen.

Unsere Söhne, bei denen die Diagnose Autismus mittlerweile feststand, durchlebten eine sehr schwere Zeit, jeder für sich, wie es sich für Autisten gehört.

Wir waren erst vor kurzem umgezogen, weil wir ein Haus am Waldrand gekauft hatten, um der Betriebsamkeit der Stadt zu entfliehen, denn die war für das Innenleben unserer Kinder Gift. Das neue Haus war viel schöner, viel größer und (für Autisten) viel günstiger gelegen als unsere alte Wohnung. Aber es war neu und vor allem anders. Und das war ein Problem.

Unsere beiden Söhne, die im zarten Alter von eins und drei waren, litten. Der eine zog sich eher still in sich zurück, während der andere seine Wut und Verzweiflung herausbrüllte. Als Eltern waren wir völlig überfordert. Das war das eine.

Das andere war, dass wir als Familie nicht nur geografisch gesehen an den Rand rückten, sondern auch in sozialer Hinsicht. Eine Familie mit behinderten Kindern ist selbst behindert. Es ist immer die ganze Gemeinschaft betroffen, nicht nur der einzelne Mensch. Wir hatten das vorher auch nicht gewusst. Wir hatten nicht geahnt, was es bedeutet, mit einer Behinderung zu leben.

Entschuldige, dass ich ›behindert‹ und ›Behinderung‹ schreibe. Vielleicht ist es Dir gar nicht aufgefallen, vielleicht aber auch doch, weil Du selbst ein betroffener Mensch bist oder weil Du Dich für die Rechte von behinderten Menschen einsetzt. Ich könnte mir vorstellen, dass Dir das Wort aufstößt, weil Du es als diskriminierend empfindest. Vielleicht bist Du der Meinung, dass die betroffene Person nicht behindert ist, sondern behindert wird, und zwar durch eine Gesellschaft, die es versäumt, diese Behinderungen aus dem Weg zu schaffen. Ich kann gut nachvollziehen, was Du meinst. Für alle anderen, die gerade nicht wissen, wo das Problem liegt, will ich kurz versuchen, es zu verdeutlichen:

Welche Barrieren sich vor betroffenen Menschen im Alltag aufbauen, entdeckt man eigentlich erst, wenn man selbst betroffen ist. Wenn Du Dich mal versuchsweise für einen Tag im Rollstuhl fortbewegst, wirst Du Deine altbekannte Umgebung mit ganz anderen Augen sehen. Du wirst erstaunt sein, wie viele Stufen und Treppen Du jeden Tag passierst, ohne es zu bemerken, Stufen, die auf einmal unüberwindliche Hindernisse sind.

Ja, ich kann verstehen, dass jemand sagt: ›Ich bin nicht behindert, ich werde behindert.‹ Ich finde nur, dass das Resultat dasselbe ist. Und da es einen Menschen nicht im Wert schmälert oder seinen Status herabsetzt, wenn man ihn als behindert bezeichnet, bevorzuge ich es, von mir selbst zu sagen, ich sei behindert. Ich finde das brutaler, aber auch ehrlicher.

Ich bin behindert. Auch wenn es meine Söhne sind, bei denen Autismus diagnostiziert wurde, bin ich als Vater und Familienmitglied ebenfalls behindert. Auch ich bin, mit ihnen zusammen, eine randständige Person.

Doch, doch. Sowas geht schneller, als man denkt. Es fällt der Mehrheit nun einmal unheimlich schwer, sich auf die Bedürfnisse von Minderheiten einzulassen. Das hat nichts mit böser Absicht zu tun. In vielen Fällen ist das sogar nachvollziehbar.

Es ist doch so: Jede Gemeinschaft schafft sich Strukturen, die das Zusammenleben ermöglichen sollen. Gemeinschaften sind z. B. die Gesellschaft eines Landes, ein Sportverein, eine Schule oder eine Kirchengemeinde, natürlich auch eine Familie. Jede einzelne dieser Gemeinschaften entwickelt oder übernimmt Regeln, Konventionen, Bräuche, Rituale und so weiter. Sie alle zusammen ergeben die Struktur, die das Leben miteinander ermöglichen, regeln soll. Selbst das Gebäude, in dem man sich trifft, ist ein Teil dieser Struktur.

Wenn ein Mensch zu einer Gemeinschaft dazugehören möchte, dann passt er sich den Strukturen an: Er hält sich an die vorgegebenen Zeiten, taucht an verabredeten Orten auf, berücksichtigt die unausgesprochenen und die ausgesprochenen Regeln. Vieles davon passiert ganz intuitiv. Kompliziert wird es erst, wenn man die betreffende Struktur noch überhaupt nicht kennt: die Gepflogenheiten, die Sprache, die Bräuche, das Weltbild.

Jemand, der zum Beispiel keine Ahnung vom Fußball hat und auch keine der Spielregeln beherrscht, wird es erst einmal sehr schwer haben, im Verein Fuß zu fassen. Aber wenn er lernfähig ist und sich anpassen kann, wird er es irgendwann schaffen. Er braucht Flexibilität, Anpassungsfähigkeit.

Hat er die aber nicht, hat er ein Problem. Denn er wird kaum erwarten können, dass die Strukturen des Vereins sich ihm anpassen oder dass seinetwegen die Spielregeln geändert werden. Die völlig verständliche Erwartung ist, dass er sich den Strukturen anpasst – oder sich etwas anderes sucht.

Diese Anpassungsfähigkeit bringen behinderte Menschen unter Umständen nicht mit, je nachdem, in welcher Hinsicht sie beeinträchtigt sind. Verschiedene Behinderungen scheitern an unterschiedlichen Hürden, immer dann, wenn die gegebenen Strukturen nicht flexibel genug sind, sich ihrerseits den jeweiligen Bedürfnissen des Menschen anzupassen. Und das ist häufiger der Fall, als man sich das vorstellen möchte.

Es passiert also sehr schnell und oft unbeabsichtigt, dass Beeinträchtigte an Gemeinschaften nicht oder nur sehr eingeschränkt teilhaben können, obwohl sie das vielleicht möchten, vielleicht sogar müssten. Und wenn das der Fall ist, bezeichnet man sie als Randständige.

In unserem ganz konkreten Fall war das schon in gesellschaftlicher Hinsicht so. Die Einschulung unseres älteren Sohnes kam näher. Alle Eltern machen sich darüber Gedanken, welche Schule für das eigene Kind wohl die beste sei. Auf Eltern behinderter Kinder trifft das natürlich umso mehr zu. Eine Regelschule kam nicht in Frage, dafür fehlten die kognitiven Voraussetzungen. Aber eine Schule für geistig Behinderte wollten wir auch nicht, weil wir wussten, dass unser Sohn geistige Fähigkeiten hatte, die wir gefördert sehen wollten.

Wir entschieden uns deshalb für eine Schule, die ihre Strukturen so angelegt hat, dass sie flexibel auf die Bedürfnisse jedes einzelnen Kindes reagieren kann. Es ist eine inklusive Schule, in der behinderte und nicht behinderte Kinder gemeinsam unterrichtet werden. Und leider ist es eine Privatschule.

Wir waren bereit, alles auf uns zu nehmen: den weiten Schulweg in die nächste Stadt, auch das monatliche Schulgeld. Was wir aber nicht leisten konnten, war das Geld für den notwendigen Schulbegleiter. Das beantragten wir beim Jugendamt. Der Antrag wurde aus schwer nachvollziehbaren Gründen abgelehnt. Wir führten diesen Streit über lange Zeit, zogen sogar zwei Mal vor Gericht und verloren.

Man kann zu der Frage ja politisch stehen wie man will, aber das Gefühl, alles für sein Kind zu tun, weit über alle Grenzen der Belastbarkeit hinauszugehen, um ihm eine bessere Zukunft zu ermöglichen, und dann an einer zahlungsunwilligen Behörde zu scheitern, das ist wirklich traumatisierend. In solch einem Moment weiß man: Ich bin ein ganz kleines Licht. Und was ich auch immer für Interessen oder Wünsche habe, das interessiert die Entscheidungsträger einfach nicht. Für die ist nur die Kohle wichtig.

Wut und Verzweiflung sind, wie ich finde, völlig angemessene Reaktionen auf so eine Erfahrung. Gott sei Dank sprangen uns Freunde und Bekannte zur Seite und bezahlten den Schulbegleiter aus eigener Tasche. Sie hielten sich, wie wir, zu einer evangelikalen Gemeinde – eine Gemeinde, die wir wenige Jahre später verließen.

Nicht im Groll, aber in der Erkenntnis, dass wir auch dort, ohne dass das irgendjemand gewollt hätte, zu Randständigen geworden waren, weil auch hier die Strukturen zu unflexibel waren, um sich unseren Bedürfnissen anpassen zu können.

Es war ein Ostergottesdienst, der mir den Rest gab. In einem schönen großen Raum stand die Gemeinde, jeder vor seinem Stuhl, und feierte die Auferstehung von Jesus mit Liedern. Meine Familie und ich standen draußen auf einer Terrasse des Hauses und beobachteten das Geschehen durchs

Fenster. Mehrmals kamen Gottesdienstbesucher zu uns und fragten, ob wir nicht hereinkommen wollten. Es tat ihnen wirklich leid, dass wir nicht an der Feier teilnehmen konnten. Aber es hatte keinen Sinn: Für die geschärften Sinne und überforderten Gehirne unserer Söhne war alles zu laut, zu bunt, zu viel. Meine Frau und ich hätten uns abwechseln können, mal wäre der eine, mal der andere bei den Jungs geblieben, um es wenigstes einem von uns wenigstens ein bisschen zu ermöglichen, an der Gemeinschaft teilzuhaben. Aber wir wollten das nicht.

Ich brachte es nicht über mich, irgendetwas zu genießen, wovon der Rest meiner Familie ausgeschlossen war. Deshalb blieben wir auf der Terrasse stehen, ich sah wehmütig durch die Scheibe, und als die Gemeinde das Hosianna anstimmte, traf ich einen Entschluss: Es war besser, gar nicht zu einer Gemeinde zu gehören, als ein wenig oder so gerade eben. Dieses Gefühl des Ausgeschlossenseins, so unfreiwillig es auch immer zustande kam, wollte ich weder mir noch meinen Kindern zumuten.

Ich klage hier niemanden an. Meine Familie wurde nicht deshalb an den Rand gedrängt, weil irgendjemand das gewollt hätte. Es ist geschehen, weil niemand etwas unternehmen konnte oder wollte, um es zu verhindern.

Aber wütend war ich natürlich trotzdem. Es gibt ja unterschiedliche Gründe, warum Menschen wütend sind. Ich habe festgestellt, dass mich oft dann die Wut packt, wenn ich eigentlich verzweifelt bin. Wenn ich in einer scheinbar ausweglosen Situation bin, wenn ich mit meinen Kräften am Ende bin, wenn meine Selbstbeherrschung, meine Fähigkeit zu hoffen, zu glauben und zu lieben an ihr Ende gekommen sind, dann reagiere ich oft wütend. In solchen Momenten kann dann auch mal was kaputt gehen.

Oder es entsteht etwas Neues. Kunst zum Beispiel. Die Künste boten mir einen Rahmen, meinen Zorn zu kanalisieren. Und so schrieb ich Songs. Ich dachte mir, es ist sicher besser, einen wütenden Song zu schreiben, als jemandem auf die Fresse zu hauen (ich hatte da konkrete Personen im Kopf) oder das Mobiliar zu zerstören. Der Impuls, Lieder zu schreiben, kam von selbst. Das war keine reflektierte Entscheidung. Ich hatte Zeit und Langeweile und fing einfach an.

Hier ist einer dieser Texte:

Ballade vom Amoklauf

Womit hast du das verdient?
Warum ist dein Weg vermint?
Was ist wohl an dir verkehrt?
Dabei hast du dich nie beschwert

Du hast die Falle nicht bemerkt
Sie haben es dir nie erklärt
Es stand von Anfang an schon fest
Dass man dich nicht entkommen lässt

Wenn ich einen Baseballschläger
Oder eine Handgranate
Oder eine Bombe oder ein
Molotowcocktail hätt'

.

Dann würd' ich euch alle kriegen
Austeil'n bis die Fetzen fliegen
Euch ging's an den Kragen
Ja, hallo, das wär' doch wirklich nett …

Graue Männer schweigen still
Du darfst nicht woll'n, was man nicht will
Sie ham dich gar nicht angehört
Dich ohne jeden Grund zerstört

Graue Augen blicken starr
Ihr Lächeln ist jetzt nicht mehr da
Du hast dich halt zu spät beschwert
Ihr Lächeln ist jetzt nichts mehr wert

Du bist halt ein netter Typ
Die meisten Leute hast du lieb
Du würdest niemandem weh tun
Doch heut' muss diese Regel ruh'n

»Was du nicht willst, das man dir tu'
Das füg auch keinem ander'n zu!«
Das findest du ganz opportun
Doch heut' muss diese Regel ruh'n

(Erschienen 2011 auf der EP ›TimTom Guerilla‹, LEPORK Records.)

Es war schon einige Jahre her, dass ich Lieder geschrieben hatte, und das waren Anbetungslieder gewesen. Sie priesen Jesus und handelten von meinem Wunsch, so zu sein wie er. Das hier war da schon ein wenig anders.

Ich mochte meine alten Lieder noch immer. Und wenn nicht, dann lag es daran, dass ich sie handwerklich schlecht fand, aber nicht daran, dass ich sie inhaltlich nicht mehr vertreten konnte. Diese Lieder hatte ich aber in einer anderen Zeit oder besser: für andere Zeiten geschrieben, Zeiten, in denen es einem gut geht oder in denen man sich fragt, was das

Leben im Kern ausmacht, oder in denen man sich Gott nahe fühlt oder nahe fühlen möchte. Die Zeiten, in denen ›Die Ballade vom Amoklauf‹ entstand, waren andere.

Natürlich meldete sich gleich, nachdem der Song fertig war, mein frömmlerisches Über-Ich, meine jahrzehntelange, evangelikale Prägung, die antrainierte Furcht vor einem zornigen oder (je nachdem, wer ihn mir vermittelt hatte) traurigen Gott. Der Gott, der meine Gedanken scannt, der registriert, wenn einer von ihnen sündig ist, und ihn sich merkt und ihn mir vorhalten wird, wenn ich ihn nicht vorher bekannt und dafür um Vergebung gebeten habe (weshalb ich niemals versäumte, vor dem Schlafengehen um Vergebung zu bitten, möglichst für Dinge, an die ich mich tatsächlich erinnern konnte, aber notfalls eben auch pauschal für jene, die mir entfallen waren, die es aber geben musste, denn schließlich war ich ein sündiger Mensch und konnte mit dem, was ich tat und dachte, nicht vor Gott bestehen).

Ich hatte jetzt also einen Song geschrieben, der eine Art Rachephantasie war, was zu meinem bisherigen moralischen Koordinatensystem zwar nicht passte, sich aber verdammt gut anfühlte und gleichzeitig Gewissensbisse nach sich zog.

Rief ich etwa zur Gewalt auf? Widersprach so ein Text nicht dem Liebesgebot von Jesus? Hieß es nicht, man solle sogar seine Feinde lieben? Wollte ich es etwa gutheißen, dass jemand auf andere mit Baseballschlägern, Molotowcocktails und Granaten losging?

Nein, wollte ich nicht. Es ging hier doch nur um den Ausdruck von Gefühlen, die ich hegte und denen ich auf diese Weise ins Gesicht sehen konnte. Es ging um Wahrhaftigkeit. Eine Wahrhaftigkeit, die ich in den allermeisten Gottesdiensten vermisste, in denen diese Jesus-Lieder gesungen wurden und in denen es immer um Liebe, Annahme,

Hingabe und Vertrauen ging, aber nie um Wut, Verzweiflung, Enttäuschung und Hass.

Gottesdienste in Freikirchen, das muss ich einfach mal ganz ehrlich sagen, sind ja im Prinzip so, als würde man zwangsweise mit dem Radioprogramm von hr 4 oder wdr 4 dauerbeschallt werden. Wenn man Schlager mag, kann das schön sein. Aber wenn sie hasst, ist das wirklich die Hölle.

Die Gefühle, die ich hatte, tauchten in Gottesdiensten nicht auf, sie hatten dort keinen Platz, sie waren sündig und mussten entsorgt, weggeschafft, exorziert werden. Und dazu war ich nicht bereit, nicht so ohne Weiteres, nicht, bevor ich sie nicht zur Kenntnis genommen und mich an ihnen abgearbeitet hatte. Das war einfach eine Frage der Ehrlichkeit und der seelischen Hygiene.

Was glaubst Du denn wohl, warum so viele verklemmte Seelen in den Gemeinden herumlaufen, die nach außen Friede, Freude, Eierkuchen signalisieren, während sie die Fäuste in den Taschen ballen? In manchen Gemeinden ist die unterschwellige Aggressivität mit Händen zu greifen, sie prägt das gesamte Klima. Warum? Weil die Leute mit ihrer Wut noch gar nicht fertig sind, weil die nämlich weg muss – zack! – ans Kreuz, wo sie hingehört, nicht anfassen, das ist schmutzig!

Zu solch prompter Wutentsorgung waren die Psalmisten des Alten Testamentes interessanterweise nicht bereit. Da gibt es ganze Wut- und Rachepsalmen, Gesänge, die die Vernichtung der Feinde herbeibeten wollen. Ich finde, die haben recht. Die Psalmisten, meine ich. So was oder so was Ähnliches gehört auch in den Gottesdienst.

Ja, das stimmt, das entspricht nicht dem, was Jesus gelehrt hat, aber Gott in seiner Weisheit hat dennoch beschlossen, dass diese Psalmen nicht aus der Bibel herausgeworfen werden.

Es trifft zwar zu, dass ein Mensch im Zorn leicht sündigt, wie es irgendwo im Neuen Testament heißt. Aber es stimmt auch, dass ein Mensch, der seine Wut immer nur unterdrückt, sie erstens nicht los und zweitens krank wird. Und da muss ich ganz ehrlich sagen, da sündige ich lieber. Ich habe den Eindruck, dass Gott das schon versteht. Mit den Psalmen kam er ja auch klar.

An diesem Punkt war ich aber noch nicht, als die neuen Lieder entstanden. Sie passierten einfach, und ich war mit ihnen und mir selbst überfordert. Da tauchte eine Seite an mir auf, die ich bisher, so gut es ging, vermieden hatte und die ich jetzt nicht ohne Weiteres integrieren konnte.

Deshalb griff ich, immer noch völlig intuitiv und unreflektiert, zu einer Strategie, zu der auch unsere Psyche greift, wenn sie restlos überfordert ist: Ich spaltete mich in mehrere Persönlichkeiten auf. Ich erfand Personen, die angeblich gemeinsam eine Punkband formiert und diese Songs geschrieben und gespielt hatten und die auf die Namen TimTom, Foo, Hannibal und BoingBoing hörten. Für diese Band namens TimTom Guerilla entwickelte ich sogar eine Band-Homepage und stellte sie ins Netz.

Die Biografien der Musiker lesen sich zum Beispiel so:

TimTom (Gesang) – eigentlich Timotheus Tengelmann, geboren am 3. 4. 1979 in Bremen, aufgewachsen im Stadtteil Huchting. Er lernte seinen Vater niemals kennen, der kurz nach TimToms Zeugung als Pirat in See stach und vor den Seychellen verscholl. TimToms Mutter arbeitete als Kassiererin bei Kaiser's und hatte nur wenig Zeit für den Jungen. Nachdem sie versehentlich einen Kassenbon in den falschen Mülleimer geworfen hatte, wurde sie fristlos entlassen und verdiente von da an als freiberufliche Prostituierte den Lebensunterhalt für sich und ihren Sohn. Im Alter von 7 Jahren war TimTom so fett

geworden, dass er nicht mehr durch die Schulbustür passte. Er
fristete den größten Teil der Kindheit in seinem Kinderzimmer,
lernte in dieser Zeit viele Musikinstrumente, las und schrieb
Gedichte. Als er in die Pubertät kam, machte ihm seine Fett-
leibigkeit derartig zu schaffen, dass er durch eine radikale
Cola-Mentos-Kur innerhalb kürzester Zeit viele Kilo verlor.
Von diesem Wunder tief erschüttert, bekehrte sich TimTom zu
Jesus Christus als seinem persönlichen Herrn und Heiland. Mit
23 Jahren schrieb er sich in der Hochschule für bildende Künste
in Hamburg ein. Das Studium brach er erfolglos ab. Zurzeit ist
er Sänger seiner eigenen Band. TimTom lebt in Bielefeld.

(Später in dem 2016 erschienenen Roman ›TimTom Guerilla‹
veröffentlicht, BoD – Books on Demand GmbH, Norderstedt.)

Bei dem Entwurf der Nonsense-Biografien sollte es sich um
Personen handeln, die in den Gemeinden, die ich bisher
kennengelernt hatte, mit Sicherheit keinen Platz finden
würden. Und diese Typen, die ich nicht war, aber die ich vielleicht manchmal gerne gewesen wäre, die durften Dinge
singen, sagen und tun, die ich mir selbst niemals erlaubt hätte.
Dann ließ ich diese verantwortungslosen und kaputten
Typen in die Welt hinaus. Ich nahm die Songs mit befreun-
deten Musikern zusammen auf, brachte sie bei einem
amerikanischen Netlabel unter, bei dem man sich Punk aus
aller Welt kostenlos herunterladen konnte, das Campus Radio
der Uni Paderborn nahm sie in ihre Rotation auf, ich empfahl
die Band Freunden als ›das spannende, neue Ding‹, und
schließlich steuerten TimTom Guerilla sogar einen Coversong
des Comedy Duos ›Superzwei‹ zu deren Jubiläumsalbum
›Kampf der Plagiatoren‹ bei, das bei SCM Hänssler veröffentlicht wurde.

Man kann sich natürlich fragen, was das soll. Der therapeutische Effekt auf mich ist das eine. Kunst ist heilsam, ja richtig. Aber wieso muss man so etwas öffentlich machen? Wem nützt das was?

Ich glaube, auf diese Frage gibt es deshalb keine Antwort, weil es sie im Hinblick auf die Kunst niemals gibt. Kunst nützt nicht. Sie passiert. Und dann ist sie da. Und genau damit fällt sie ja auch aus dem Rahmen einer gut funktionierenden, zweckorientierten Hochleistungsgesellschaft, deren Prinzipien wir uns alle, ob gläubig oder nicht, verpflichtet fühlen.

Kunst sperrt sich. Sie ist ein bockiges Kind, das den reibungslosen Ablauf einer Familienfeier oder eines Gottesdienstes stört, wegen dem sich die Sitznachbarn in den vorderen Reihen irgendwann genervt umdrehen und zischen: ›Kann es denn nicht mal ruhig sein?‹

Nein, kann es nicht. Und darf es auch nicht. Denn genau darum geht es: zu stören, aufzurütteln, die routinierten Abläufe zu unterbrechen, die die Schwachen und Kaputten außen vor lassen wollen. Es geht um nichts weniger als um göttliche Sabotage, in der die Propheten des Alten Testamentes Großmeister waren, weil sie hemmungslos gegen Sitte und Anstand verstießen (Jesaja lief drei Jahre mit nacktem Arsch durch die Gegend, Hesekiel buk auf Kuhscheiße sein Brot), um den Leuten Gottes ihren Gott wieder vor Augen zu führen, der im Dunst ihrer Opfer zu verschwinden drohte.

Das kann sie, die Kunst. Und das muss sie auch. Sie darf nicht an sich halten. Sie ist wie der Gott, der sie erfand, auf der Seite der Randständigen.

Jedenfalls dann, wenn sie gut ist. Und die Frommen sollten das, in ihrem eigenen Interesse, ebenfalls sein. Ich meine: gut und vor allem auf der Seite der Schwachen.

6. Zwischenruf aus dem banalen Alltag

Flaschenpost

Es war an einem dieser lauen Tage,
an denen die Jünglinge,
weil sie nicht wissen,
wohin mit ihrer Kraft,
sie in Trägerhemden stecken,
während die Mädchen ihre Möpse spazieren tragen.

Ich stand am Strand.
Die Wellen schwappten banal
über meine Zehen,
während der Wind mir durchs Haar strich –
so wie Tausenden anderen auch
zur selben Zeit.

Gelangweilt dümpelten Boote an der Mole.
Sie hätten gerne etwas zu tun gehabt.
Doch gefischt wurde hier
schon lange nicht mehr,
und die Touristen blieben aus.

Das Glas der Flasche nahm allmählich
dort, wo ich sie in den Händen hielt,
Körpertemperatur an.
Sie enthielt ein weiteres Lebenszeichen,
ein Stück Papier mit ein paar Zeilen darauf.

Zweifelnd blickte ich über die Wellen.
Verwaschenes Blau-Grau versuchte
eine Frage zu beantworten,
die das weiße Licht nicht gestellt hatte.

Ich warf die Flasche, so weit ich konnte.
Noch diesseits der Boote klatschte sie ins Wasser.
Dann schaukelte sie davon
und gesellte sich zum Müll,
den die Ozeanriesen hinterlassen hatten.

Ich öffnete die Hose,
pinkelte ins Wasser
und genoss die flüchtige Wärme des Urins.

(Veröffentlicht in dem 2012 erschienenen Gedichtband ›Dickicht‹, BoD – Books on Demand GmbH, Norderstedt.)

Das ist kein schönes Gedicht, ich weiß. Das muss es auch gar nicht. Erstens hat Kunst nicht immer schön zu sein, sondern vor allem wahr. Das soll zumindest Picasso gesagt haben. Und außerdem handelt es ja auch gar nicht von der Schönheit, sondern von der Banalität, der schrecklichen, langweiligen, niederdrückenden Banalität des Alltags.

Du kennst sie bestimmt auch. Die Welt ist voll von Versuchen, ihr zu entkommen. Wir versuchen es mit jeder Art von Zerstreuungen, seien es Bücher, Filme oder Computerspiele, wir versuchen es mit ausgefallenen Hobbys, mit Arbeit, die wir als bedeutsam empfinden, mit klugen oder wenigstens witzigen Aussagen in sozialen Netzwerken, für die wir uns Anerkennung durch andere erhoffen, vielleicht auch mit dem Glauben, dass Gott uns zu etwas ganz Besonderem beauftragt hat, dass er uns ganz persönlich sieht und konkrete Pläne mit unserem Leben hat.

Mir geht's genauso. Ich versuche schon mein ganzes Erwachsenenleben dieser unerträglichen Belanglosigkeit zu entkommen. Als Junge wollte ich ein guter Fußballer sein (ich war ganz okay). Als Student versuchte ich, besonders klug und erfolgreich zu sein (ich war nicht schlecht, aber gehörte ganz sicher nicht zu den Klügsten, ganz im Gegensatz zu meiner Frau, die ich während des Studiums kennenlernte). Wenig später wurde ich ein recht erfolgreicher Jugendleiter und nochmal später ein ziemlich bekannter Jugendevangelist. (Nicht so bekannt wie meine Freunde C. und T., aber annähernd. Hat mich das gewurmt? Naja, ein kleines bisschen vielleicht. Doch, ja.) Und im Anschluss daran wurde ich Hausmann.

Wenn man sich als Mann zu diesem Schritt entscheidet, ist einem die Bewunderung der anderen – Männer wie Frauen – sicher. Mindestens zwei Wochen lang. So lange kann man sich in ihrer Anerkennung für diesen heldenhaften Entschluss sonnen. Aber was danach einsetzt, ist die reine, tödlich langweilige Banalität des Alltags.

Bisher hatte ich sie immer vermieden. Deshalb wusste ich nicht, wie schrecklich sie sein kann. Ich lernte den Moment zu hassen, in dem ich wieder einmal einen Teller anfasste, um ihn in die Spülmaschine zu stellen (immerhin haben wir eine Spülmaschine!). Morgens, wenn ich die Jungs in die Schule gebracht hatte und von der Fahrt zurückkam, schleppte ich mich durch die Wohnung und machte meine übliche Runde: Wohnung lüften, die Küche aufräumen, die Betten machen, Wäsche waschen, einkaufen ...

Es war verrückt. In den ersten Wochen hatte ich das alles mit Wonne getan. Der berufliche Leistungsdruck war von mir abgefallen. Das ist jetzt mein Job, dachte ich fröhlich, wenn ich zum Altglascontainer fuhr, nie wieder Versagensängste! Aber es dauerte nur Monate, bis ich mich nach alten Herausforderungen sehnte.

Das, was ich tat, war nützlich. Es diente meiner Familie und natürlich auch mir. Es war notwendig. Jemand musste es tun. Aber es hätte eben auch jeder andere tun können. Es gehören keine besonderen Fähigkeiten dazu, eine Spülmaschine einzuräumen oder Buntwäsche bei 40 Grad zu waschen, sie dann anschließend herauszuholen und auf die Leine zu hängen. Ich gebe zu, dass es mir nicht leicht fiel, die trockene Wäsche später zusammenzulegen und ordentlich im Schrank zu verstauen. Ich kann auch nicht gut basteln oder Geschenke einpacken. Aber das ist ein anderes Thema.

Was fehlte, waren Erfolgserlebnisse. Klar, manchmal bekommt man ein Dankeschön: ›Hey, ich hab gesehen, du hast die Wäsche eingeräumt, danke!‹, ›Das ist aber lecker, wie hast du das hinbekommen?‹, ›Wow, hast du geputzt? Hier ist es so sauber!‹. Das tut gut. Aber es ist nichts, was einen dazu veranlasst, sich abends in den Sessel fallen zu lassen und stolz zu sagen: ›Ich habe gekocht. Und es war lecker!‹ Schon allein deshalb nicht, weil man sechzig bis achtzig Minuten in die Zubereitung einer Mahlzeit investiert hat, die in weniger als zehn Minuten verputzt worden ist. Und auch deshalb nicht, weil man es am nächsten Tag wiederholen wird. Und am Tag darauf. Und am Tag darauf wieder. Und am Tag darauf erneut. Und immer so weiter.

Es ist also kein Wunder, wenn jemand, der sein Leben auf diese Weise lebt, irgendwann auf die Idee kommt, Kunst machen zu wollen. In fast allen Fällen ist die Ausübung künstlerischer Tätigkeiten eine Notwendigkeit. Wer Kunst treibt, betreibt kein Hobby. Sie oder er kämpft ums Überleben. Baselitz hat gesagt, er male, weil er malen müsse. Er ist ganz sicher nicht der einzige Künstler, der das so sieht.

So ist das Gedicht entstanden. Ich habe es geschrieben, nachdem ich mich entschlossen hatte, einen Gedichtband zusammenzustellen und das Manuskript an Verlage zu senden, es sozusagen wie eine Flaschenpost in die Welt hinauszusenden, in der Hoffnung, dass jemand antwortet. Ich kann das Ergebnis vorwegnehmen: Ich habe den Gedichtband schließlich selbst veröffentlicht.

Der Text beschreibt eine scheinbar ausweglose Situation. Ein Mensch ist in einer Art banalen Realität gefangen, aus der er sich mit einer Flaschenpost ins Nirgendwo befreien möchte. Er ist so verloren wie ein Schiffbrüchiger auf einer einsamen Insel. Das Meer taucht ja auch auf, aber es ist nicht nur ein Meer aus Wasser, sondern vor allem eines, das aus lauter Stereotypen besteht: Mädchen, die alle gleich aussehen, Jungs, die Männlichkeit mit Kraftmeierei verwechseln, eine Küste, die ihre Einzigartigkeit verloren hat, und ein Fischerdorf, das vielleicht gerade noch als Postkartenmotiv dienen könnte.

Die Flasche, die der Mann am Wasser in den Händen hält, ist kostbar. Sie ist seine Verbindung zu einer Welt da draußen, von der er gerne ein Teil wäre. Aber sowie er sie ins Meer wirft, wird sie zu einem weiteren Stück Müll, das bedeutungslos im Wasser treibt. Der Versuch, mit der Welt zu kommunizieren, ist gescheitert. Die einzige menschliche Wärme, die ihm zuteil wird, ist die eigene Körperwärme in Form seines Urins, der ihm am Ende um die Füße schwappt.

Warum muss man so was schreiben? Weil es die Banalität, die Kleinheit des Alltags ernst nimmt, weil es sie beschreibt und ihr ein Denkmal setzt. Und das war mir wichtig.

Denn je länger ich mich in ihr aufhielt – ich hatte ja kaum eine Chance, ihr zu entkommen –, desto mehr wurde mir bewusst, dass sie auch etwas Gutes hat, etwas Heilsames, das einen wichtigen Kontrapunkt setzt zu meinem Bedürfnis, etwas Besonderes zu sein, zu tun und zu erleben.

So sehr ich die Langeweile auch hasste – im Lauf der Zeit wurde mir klar, dass die ständige Jagd nach Höhepunkten und herausragenden Ereignissen ungesund war und dass sie mich vom eigentlichen Leben ablenkte. Es ist nun einmal eine Tatsache, dass neunzig Prozent unseres Alltages aus Banalitäten bestehen: essen, arbeiten, fernsehen, aufräumen, verdauen, spielen, schlafen und das Ganze wieder von vorn. Täglich sind wir damit beschäftigt, das Wichtige vom Unwichtigen zu trennen.

Es gibt vermeintlich wichtige und vermeintlich unwichtige Ereignisse (die Hochzeit eines Freundes kann als sehr wichtig empfunden werden, die Hochzeit einer Cousine zweiten Grades eher nicht), Begegnungen (ein zufälliges Treffen auf der Straße finden wir ärgerlich, denn wir sind gerade auf dem Weg zu einer Verabredung mit einem bekannten Redner ...) oder Tätigkeiten (die Spülmaschine auszupacken ist zweitrangig, wichtiger ist es, einen Gedichtband zu veröffentlichen ...).

In meinem Fall führte das dazu, dass ich in einem Affenzahn morgens die Wohnung aufräumte, damit ich mich endlich an den Schreibtisch setzen konnte, denn das Aufräumen empfand ich als lästige Pflichtaufgabe, während die Arbeit zum Beispiel an einem Text etwas scheinbar Bedeutsames, Wichtiges war.

Irgendwann fielen mir zwei Dinge auf, nämlich dass ich erstens auf diese Weise mein Leben verpasste, wenn ich die neunzig angeblich banalen Prozent meines Alltags im *fast forward* durchlebte, um schneller bei den angeblich wichtigen zehn Prozent anzukommen, und dass zweitens Jesus es anders gemacht hatte.

Der Apostel Paulus schreibt über ihn in dem Brief an die Philipper (2,6–8): »Er war in allem Gott gleich, und doch hielt er nicht gierig daran fest, so wie Gott zu sein. Er gab alle seine Vorrechte auf und wurde einem Sklaven gleich. Er wurde ein Mensch in dieser Welt und teilte das Leben der Menschen. Im Gehorsam gegen Gott erniedrigte er sich so tief, dass er sogar den Tod auf sich nahm, ja, den Verbrechertod am Kreuz.« (Übersetzung: Die Gute Nachricht)

Das bedeutet doch nichts anderes, als dass die Gottheit in die banale Realität des Menschen hinabkommt und sich ihr anpasst, sie sich geradezu gefallen lässt.

Dass dieser Gedanke uns fast schon schmerzhaft fremd ist, sehen wir daran, dass wir Frommen nur allzu schnell versucht sind, davon zu sprechen, welche Auswirkungen die Menschwerdung Gottes auf unsere Wirklichkeit hat. Wir möchten gerne, dass sie sofort in neuem Glanz erstrahlt, wir wollen sie auf Anhieb von ihrer Langeweile und Banalität erlöst wissen, wir wollen, dass sofort alles neu, alles frisch, alles anders wird. Aber das steht da nicht. Da steht, dass er einem Sklaven gleich wurde.

Hier wird die Niedrigkeit angesprochen, das Gewöhnliche. Nicht einmal der grausame Tod am Kreuz hebt Jesus besonders aus der Masse heraus, auch wenn er die Kreuzigung selbst als eine ›Erhöhung‹ vorhergesagt hat. Der Kreuzestod war so grausam wie banal. Zehntausende wurden durch die Römer gekreuzigt. Der Tod am Kreuz war niemals ein Symbol der Hoffnung oder des Mutes oder des Heldentodes, sondern immer ein Symbol beiläufiger Grausamkeit. Die politisch und militärisch herrschende Klasse sagte dem normalen Menschen auf diese Weise: ›Wir können sogar das mit dir machen, wenn wir wollen.‹

Dass Christus durch seine Auferstehung aus dem Kreuz ein Symbol der Hoffnung, der Vergebung und des Neuanfanges macht, ist erst der zweite Schritt. Zuvor würdigt er den Alltag des Menschen, indem er ihn annimmt und ihn selbst lebt. Ich gebe zu, man könnte sagen, dass er ihn dadurch verändert, aber es ist zunächst keine Verwandlung, sondern es ist eine Veränderung durch einen Perspektivwechsel.

Er drückt aus: Gott liebt das Kleine. Und er liebt dich in deinem kleinen Alltag. Es ist ein besonderer Ort, weil er dir hier begegnen möchte. Nicht in der Konferenz, nicht im Anbetungskonzert, nicht in der Gebets- und Fastenzeit, nicht bei der Evangelisation, nicht im Gottesdienst, sondern hier, jetzt: beim Staubsaugen, beim Wäschezusammenlegen, bei den Renovierungsarbeiten, beim Schreiben eines Briefes, beim Einkaufen, auf der Autobahn, auf dem Spielplatz mit deinen Kindern, am Schreibtisch deines Büros, am Bett deiner gebrechlichen Mutter.

Was ich an den Künsten so liebe, ist, dass sie diesen Perspektivwechsel nachvollziehbar machen. Wenn ich ein Gedicht über den banalen Alltag schreibe oder einen Apfel fotografiere oder ein Bild über das Grauen des Krieges male, dann bleibt der Alltag Alltag, der Apfel bleibt ein Apfel und der Krieg bleibt das Grauen, das er immer sein wird. Und trotzdem verändert sich mein Blick darauf, es kommt etwas Neues hinein, so als würde ein Gott meine Welt betreten.

Es ist aber nicht nur die Banalität, die den Alltag schwer erträglich macht. Hinzu kommt oft auch noch ein schlechtes Gewissen. Das geht sicher nicht nur mir so.

Man hört immer wieder von Frauen, die sich dazu entschieden haben, sich um den Haushalt und die Kinder zu kümmern und im Gegenzug auf die eigene Karriere zu verzichten. Das ist eine Entscheidung, die nicht jeder nachvollziehen kann, und das muss ja auch niemand. Viele dieser Frauen berichten jedoch, dass es häufig nicht beim

Nichtverstehen bleibt, sondern dass ihnen deswegen von manchen Menschen Vorwürfe gemacht werden. Für die Kritiker scheint ein solcher Entschluss auf eine mutwillige Verschwendung von Lebenszeit hinauszulaufen.

Ich persönlich würde ja niemandem ohne Weiteres dazu raten, freiwillig Hausfrau oder -mann zu werden, aber zu behaupten, diese Tätigkeit sei minderwertiger als zum Beispiel die auf der Baustelle, am Fließband oder im Büro, ist schon ziemlich doof. Nein, wer sich dazu entschließt, sollte deswegen noch lange kein schlechtes Gewissen haben müssen.

Ich weiß das eigentlich. Aber auch ich empfinde manchmal den Alltag wie eine einzige Anklage. Ich meine, füher war ich ein gefragter Mann. Ich reiste durch ganz Deutschland, erklärte anderen den christlichen Glauben und lud sie dazu ein (manche haben diese Einladung sogar angenommen!), ich beriet Menschen, half ihnen bei Problemen, betete für sie und schrieb evangelistische Bücher. Und dann, von einem Moment auf den anderen, räumte ich die Spülmaschine aus und wusch Wäsche. Mein Wirkungskreis schrumpfte auf die Quadratmeterzahl unserer Wohnung zusammen.

Natürlich, ich tat immer noch Gutes, vor allem meiner Familie. Aber sonst?

Währenddessen fuhren meine Freunde fort, zu reisen, zu predigen und, wie man so sagt, für Gott zu arbeiten. Einer meiner früheren Mentees lehrt mittlerweile Theologie an der Universität. Ein anderer betet für Menschen, und sie werden gesund. Ein Freund hat sein eigenes Missionswerk gegründet. Und wieder ein anderer Freund ist ein gern gehörter Redner auf großen Konferenzen. Und während sie die Welt verändern, stelle ich die Teller ins Regal. Also ehrlich, ich kenne das schlechte Gewissen, das der Alltag einem bereiten kann.

Wenn es mal wieder so weit ist, hilft mir der Gedanke an Jesus, der bereit war, sich seiner Göttlichkeit zu entledigen und Mensch zu werden. Ich bin zu dem Schluss gekommen, dass jeder Mensch seinen eigenen Weg hat, dass es Gott ist, der uns dabei hilft, diesen Weg zu finden und auch zu gehen, und dass es dabei nicht auf die augenscheinliche Effizienz oder Wirksamkeit ankommt, sondern schlicht auf die Tatsache, dass es der richtige Weg ist. Und das ist alles. Ob dieser Weg nun ›hoch‹ oder ›niedrig‹, ›wichtig‹ oder ›unwichtig‹ ist, spielt keine Rolle. Diese Kategorien sind letztlich bedeutungslos.

Und falls auch diese Gedanken nicht helfen, kann man immer noch ein Gedicht schreiben.

7. Die göttliche Verschwörung

Wahrscheinlich ist es ein Sonntagabend gewesen, an dem ich das Lied schrieb. Sonntagabende atmen ja oft schon die Luft des Montagmorgens. Das freie Wochenende liegt hinter einem, und während man den Tag noch genossen hat, ist der Abend eigentlich fast schon wieder ein ganz normaler Werktagsabend: Man wird zeitig zu Bett gehen müssen, weil man am nächsten Morgen früh aus den Federn muss. Der eine oder andere freut sich noch auf den ›Tatort‹. Aber spätestens wenn der vorbei ist, weiß man, dass die neue Woche begonnen hat.

In unserer Familie kommt an einem Sonntag noch das Baden hinzu. Unsere Jungs sind eigentlich schon in einem Alter, in dem sich Kinder selbst waschen, vielleicht sogar duschen. Aber die unseren sind noch nicht so weit. Wir baden sie noch, wie man kleinere Kinder badet. Und das ist immer ein großer Angang.

Erst wird protestiert, Baden sei doof und man wolle nicht schon wieder, und man könne doch auch morgen. Dann will man die Wanne nicht wieder verlassen, das Haarewaschen ist ein Zumutung, und Hilfe, ich habe Wasser im Ohr. Am Ende noch die Nägel. Alles in allem stelle ich es mir nicht viel unangenehmer vor, einen Stall auszumisten.

Immerhin teilen sich meine Frau und ich die Arbeit. Weil sie gerade an der Reihe war, hatte ich Gelegenheit, einen Text zu schreiben. Es war eine recht spontane Idee, wenn man außer Acht lässt, dass ich wahrscheinlich schon den ganzen Tag darüber gegrübelt hatte, ohne eine zündende Idee zu haben.

Am Abend jedoch beschloss ich, einfach loszuschreiben. Das ist so ein Klischee, man kennt es aus Hollywoodfilmen:

Fang einfach an zu schreiben, sagt der weise Mentor zum Lehrling, der Rest folgt von ganz alleine. Manchmal funktioniert es tatsächlich.

Künstlerische Entscheidungen sind häufig intuitive Entscheidungen. Man trifft sie, wie man so sagt, ›aus dem Bauch heraus‹. Oft weiß ein Künstler gar nicht, warum er sich so und nicht anders entscheidet. Oder besser gesagt: Er kann es sich (noch) nicht erklären. Wenn er sich später mit seiner Entscheidung beschäftigt, stellt er dann fest, dass es sehr gute Gründe dafür gegeben hat, Gründe, die er auch rational herleiten kann.

Aber das passiert eben oft erst in der nachträglichen Betrachtung. Zum Zeitpunkt der Produktion ist es anders. Uns kommen diese Entscheidungen wahnsinnig spontan vor. Das ist aber nur deshalb so, weil die manchmal jahrelange Vorarbeit sogar den Künstlern selbst verborgen ist. All das Grübeln über und Sich-Abarbeiten an bestimmten Fragen fließt in so einen ›spontanen‹ Entschluss ein. Die intuitive, künstlerische Entscheidung hat oft eine lange Vorgeschichte. Und dann, in einem bestimmten Augenblick, findet sie einen passenden ästhetischen Ausdruck, und zwar besonders häufig dann, wenn die Künstlerin oder der Künstler den Mut hat, intuitiv und nicht rational zu handeln.

Ich ließ es also fließen. Und heraus kam dieser Text:

Lieblingskinder Gottes

Wir gehen los und immer weiter
Und wir schauen nicht zurück
Wir sind die einsamen Streiter
Und wir glauben an das Glück

Wir sind die Lieblingskinder Gottes
Was auch passiert, es tut uns gut
In den Ruinen dieses Ortes
Entfachen wir die alte Glut

Ihr nennt uns Traurige
Kranke und Behinderte
Versehrte, vom Leben Abservierte
Doch ihr dürft staunen
Verwundert raunen:
wir sind die Zukunft
auf die die Götter schauen

Wir sind schon tot und leben weiter
Und uns hält niemand lange auf
Erklimmen Jakobs Himmelsleiter
Bis in den höchsten Raum hinauf

Wir sind die Lieblingskinder Gottes
Auch wenn uns viele nicht versteh'n
Teil eines göttlichen Komplottes
dessen Gesänge uns umweh'n

(Veröffentlicht 2013 auf dem Album ›Neue Helden‹, Triumphton Records.)

In diesen Zeilen klingen Themen an, die mich schon seit Jahren immer wieder beschäftigen.

Natürlich handeln sie von Behinderten und Beeinträchtigten. Das wird ja im Refrain auch explizit angesprochen. Behindert zu sein, psychisch krank zu sein, eine Persönlichkeitsstörung zu haben – das sind Eigenschaften, über die wir offen sprechen, solange niemand damit konkret bezeichnet wird oder wenigstens nicht anwesend ist. Wenn es aber um liebgewonnene Menschen geht oder um Anwesende, suchen wir nach milderen Ausdrücken, die das Problem eher umschreiben. Es sei denn, der Leidensdruck ist groß oder die entsprechende Person macht uns wütend oder verzweifelt. Dann legen wir die Behutsamkeit ab und schleudern es wie eine Anklage heraus: ›Der ist doch behindert!‹, ›Du bist doch krank im Kopf!‹

Wir als betroffene Familie haben irgendwann entdeckt, dass es befreiend ist, wenn man die Dinge beim Namen nennt. Wir sagen es laut: Wir sind behindert. Das hat am Anfang weh getan, weil wir an das gesellschaftliche Tabu natürlich auch geglaubt haben, so wie man eben an Dinge glaubt, die alle glauben und die man selbst noch nicht hinterfragt hat, weil man bisher nicht davon betroffen gewesen ist. Aber irgendwann wurde der Schmerz weniger und wich einem Gefühl der Befreiung. Ja, wir sind behindert. Hast du damit ein Problem?

Ich fühle mich in dieser selbstbewussten Sichtweise durch das bestärkt, was wir in der Bibel über Gott lesen können. Denn der stellt sich immer wieder an die Seite der Schwachen und Schutzbedürftigen. Welcher Gott der Menschheitsgeschichte hätte das je getan? Welcher der anderen Götter hätte sich jemals als Gott der Sklaven, Unterdrückten, Waisen und Schwachen bezeichnet?

Das klingt auch im Liedtext an: *Wir sind die Lieblingskinder Gottes / Was auch passiert, es tut uns gut / In den Ruinen dieses Ortes / Entfachen wir die alte Glut.*

Die Ruinen sind ein Anspielung auf Jesaja 58, ein Text, der mich schon länger begleitet. In diesem Kapitel beschweren sich die Leute Gottes, dass er ihre Gebete nicht hört und ihre frömmlerischen Bemühungen nicht ernst nimmt. Gott antwortet durch den Propheten, dass er an religiösen Festen und Lobpreisveranstaltungen kein Interesse hat, solange die, die sich als ›Volk Gottes‹ bezeichnen, die Bedürfnisse der Armen, Hilflosen und Schwachen missachten, ja, sie sogar ausbeuten und unterdrücken:

»Wenn du der Unterdrückung bei dir ein Ende machst, auf keinen mit dem Finger zeigst und niemand verleumdest, dem Hungrigen dein Brot reichst und den Darbenden satt machst, dann geht im Dunkel dein Licht auf und deine Finsternis wird hell wie der Mittag. Adonai wird dich immer führen, auch im dürren Land macht er dich satt und stärkt deine Glieder. Du gleichst einem bewässerten Garten, einer Quelle, deren Wasser niemals versiegt. Deine Leute bauen die uralten Trümmerstätten wieder auf, die Grundmauern aus der Zeit vergangener Generationen stellst du wieder her. Man nennt dich den Maurer, der die Risse ausbessert, den, der die Ruinen wieder bewohnbar macht.« (Jes 58,9b–12, Einheitsübersetzung)

Wir sollten bei diesen Sätzen vielleicht lieber nicht eifrig nicken, sondern zur Kenntnis nehmen, dass der Prophet seinen Finger auch auf uns richtet, selbst wenn der zitierte Text schon Tausende von Jahren alt ist.

Wir haben allen Grund, besorgt zu sein, und zwar nicht wegen der Krisen im Nahen Osten, nicht, weil die Welt einem Krieg der Kulturen und Religionen nahe ist, nicht, weil wir die Überfremdung unserer Gesellschaft durch Flüchtende fürchten, sondern weil wir zu glauben scheinen, dass man den Gott der Bibel wie jede x-beliebige Gottheit mit ein paar knackigen Veranstaltungen beschwichtigen und für sich einnehmen kann, während wir die am Rand stehen lassen, die er am meisten liebt.

Es sind meine Kinder gewesen, die mir dabei geholfen haben, klarer zu sehen. Als ich mir erst einmal eingestanden hatte, dass sie und mit ihnen wir als ganze Familie behindert sind, stellte sich zwangsläufig die Frage, was das für meine Sicht auf das Christsein bedeutete.

In einer früheren Phase meines Lebens machte ich die ›Qualität‹ meines Glaubens, also seine Ernsthaftigkeit, Tiefgründigkeit und Jesus-Ähnlichkeit, von meiner abgelieferten Leistung abhängig. Das war mir nicht bewusst, sondern (ich sage das mit allem Respekt vor allen, die mir den christlichen Glauben vermittelt haben) das habe ich so übernommen. Und ich habe auch die Bibel so verstanden: ›Gott hat dich aus Gnade errettet, und jetzt beweise gefälligst, dass du es wert gewesen bist!‹ Ich arbeitete mir also den Arsch ab, bis es nicht mehr ging.

In jener neuen Lebenssituation als Behinderter stellte sich die Frage ganz neu: Was bedeutet es eigentlich, ein guter Christ zu sein – wenn man nichts leisten kann? Wenn man eine verminderte Intelligenz hat? Wenn man eine Angststörung hat? Wenn man nicht sprechen kann? Wenn man im Bett liegen muss? Wenn man mit anderen Menschen nichts zu tun haben will oder kann? Können solche Menschen auch ›gute‹ Christen sein? Und wenn ja, wie?

In dieser Zeit gewannen zwei Bibeltexte für mich neue Bedeutung. Der erste war der Psalm 23. Der Psalmist bezeichnet sich selbst als Schaf. Gott ist sein Hirte. Und der Weg, den der Gläubige mit Gott geht, wird so beschrieben, dass es Gott ist, der führt und handelt, und der Gläubige tut nichts weiter, als ihm zu folgen. Das ist das Bild einer gelungenen Gottesbeziehung: »Adonai ist mein Hirte, mir wird nichts mangeln ...« Diese Art von Glaubenspraxis bekommt jeder hin, wenn die Schwachen hier nicht möglicherweise sogar im Vorteil sind.

Ein anderer Text wurde mir endlich verständlicher, als ich das Buch von Dallas Willard ›The Divine Conspiracy‹ las (die »göttliche Verschwörung« aus dem Liedtext). Er beschäftigt sich mit Jesus' ›Seligpreisungen‹ aus der Bergpredigt und besteht darauf, dass sie nicht als moralische Forderungen missverstanden werden dürfen, sondern als Beschreibung: diese Schwachen, Kranken, Verfolgten und Geplagten SIND die von Gott in besonderer Hinsicht Gesegneten, ob sie es wissen oder nicht.

Gottes neue Welt bricht auf im Leid derer, die er liebt. Nicht in ihren Leistungen, ihren Predigten und ihren sonstigen Heldentaten. Das Leid, nicht nur das des Messias, sondern auch das seiner Leute, gebiert etwas Neues, Schönes, Großes in dieses Leben hinein. Gott ist gerade hier gegenwärtig. Deshalb sind es die Schwachen, die in besonderer Weise gesegnet sind und auch (ganz im Sinne des Segens Abrahams) selbst für andere ein Segen sind. Das Leid ist nichts, was man vermeiden sollte. Man muss es auch nicht suchen. Aber man sollte es begrüßen, wenn es da ist.

Natürlich: Gott hat gar keine Lieblingskinder. Er liebt uns alle gleich. Niemand muss darüber traurig sein, dass sie oder er nicht behindert oder krank oder verwaist ist. Aber das dürfte auch jedem klar sein, hoffe ich.

Es geht mir bei dieser Formulierung um einen Perspektivwechsel. Einen Perspektivwechsel, den schon der Gott des Alten Testamentes vollzogen hat, als er die Schwachen ins Zentrum rückte, und den Jesus noch radikalisiert hat, weil er, wie wir Christen glauben, die Personifikation, ja, die Inkarnation dieser Gottheit ist, der Urheber von allem, der so weit ging, dass er selbst schwach wurde.

Dieser Perspektivwechsel ist so radikal, dass wir noch immer und immer wieder unsere liebe Not mit ihm haben. Man würde vielleicht nachsichtig über unsere Begriffsstutzigkeit lächeln können, wenn sie nicht bedeuten würde, dass durch unsere Unfähigkeit zu lernen reale Menschen konkretes Leid erfahren.

Einschließlich uns selbst.

8. Die heilende Kraft der Kunst

Eine Geschichte kann Leben retten. Ich glaube das, weil ich es erlebt habe.

Als ich an meinem Roman ›TimTom Guerilla‹ schrieb, ging es uns als Familie schlecht. Nicht nur die manchmal herausfordernden Momente mit unseren Kindern und ihre ungeklärte Zukunft zehrten an unseren Nerven. Auch der Rollenwechsel, den meine Frau und ich vollzogen hatten, hatte damit zu tun.

Sie verdiente jetzt das Familieneinkommen, und ich blieb zu Hause. Wir hatten darüber länger nachgedacht und waren zu dem Schluss gekommen, dass es für uns alle das Beste sei. Nun aber kostete die berufliche Belastung zusätzliche Kraft. Irgendwann konnte meine Frau nicht mehr und wurde krank. So krank, dass ein Weiterarbeiten unmöglich war.

Ich habe leider keinen Beruf erlernt, mit dem ich ohne Weiteres wieder in den Arbeitsmarkt einsteigen könnte. Außerdem hatte auch ich in den Jahren vor meinem Ausstieg mehr und mehr unter meinem Job gelitten, so sehr, dass ich am Ende regelrecht daraus floh. Und wenn man es realistisch betrachtete, dann war ihr Beruf als Lehrerin eine viel sicherere Option als meine Arbeit als Angestellter bei einem der evangelikalen ›Werke‹, die auf Spendenbasis arbeiten. Deshalb entschieden wir uns, weiter auf ihre Laufbahn zu setzen.

Sie wurde für längere Zeit krank geschrieben, besuchte eine Klinik, machte Therapie und versuchte, irgendwie wieder Tritt zu fassen. Uns standen zwei bis drei harte Jahre bevor, in denen nichts klar war, in denen wir nicht wussten, wie es mit uns weitergehen sollte und wie wir in Zukunft unseren Lebensunterhalt verdienen würden.

Alle unsere Überlegungen kamen immer wieder auf einen Punkt zurück: Wir fanden, dass eines der wichtigsten Ziele darin bestand, unsere geistige Gesundheit zu erhalten oder wiederherzustellen, und das schloss natürlich meine Psyche mit ein. Ich sollte eine Art Ausgleich und Stabilisator sein in Zeiten, in denen der Boden unter unseren Füßen wankte. Für alles andere würde sich schon eine Lösung finden.

Das war leichter gesagt als getan. Denn auch meine Nerven lagen allmählich blank. Ich weiß noch, wie die Jungs und ich meine Frau zur Klinik zu einem weiter entfernten Ort brachten, in der sie sich für die nächsten Wochen aufhalten sollte, um wieder zu Kräften zu kommen. Es war eine schreckliche Autofahrt. Der Mai war gekommen, die Bäume schlugen aus, aber in mir war es zappenduster. Gleichzeitig galt es, die Jungs nicht unnötig zu beunruhigen. Deshalb taten wir so, als wäre der Anlass unserer Tour das Normalste der Welt.

»Mama kommt bald wieder«, sagten wir, »es dauert nicht lang, nur ein paar Wochen.«

Und gleichzeitig betete ich und dachte: ›In was für eine Scheiße hast du uns jetzt wieder reingeritten, Gott?‹

Der Aufenthalt in der Klinik half. Die Wochen waren hart, aber sie gingen vorbei. Später folgte ein weiterer Klinikaufenthalt. Und auch der ging vorbei. Aber die Unsicherheit und die mehrfache Belastung forderte ihren Tribut, bis auch ich reif für die Klinik war.

Ich liebe meine Familie über alles. Ich kann ohne sie nicht leben. Aber in dieser Zeit fragte ich mich, ob ich nicht weglaufen sollte. Oder ich versuchte mir auszumalen, wie es wohl wäre, mit einem Strick in den Wald vor unserer Haustür zu gehen und nicht wiederzukommen. Es waren gedankliche Spielereien, die aus dem Schmerz heraus entstanden, und sie erschreckten mich selbst. Ich erzählte meiner Frau davon.

Und sie riet mir, einen Termin bei ihrer Psychiaterin zu machen.

Die Ärztin schien durch das, was ich ihr schilderte, nicht besonders beunruhigt zu sein.

»Das, was Sie haben, nennt man eine depressive Verstimmung«, sagte sie.

Für mich hörte sich das so an, als würde sie sagen: ›Sie haben einen psychischen Schnupfen.‹ Irgendwie klang das beruhigend. Es schien nicht so dramatisch zu sein, wie es sich anfühlte.

»Was würden Sie denn sagen«, fragte sie mich, »was hilft Ihnen in dieser Situation am meisten?«

»Arbeiten«, sagte ich, ohne lange überlegen zu müssen. »Am wohlsten fühle ich mich, wenn ich arbeite.«

»Und was arbeiten Sie so?«

»Ich schreibe einen Roman. Aber meine Frau befürchtet, dass ich zu viel arbeiten könnte und damit alles noch schlimmer mache.«

»Das ist nicht gesagt«, antwortete die Ärztin. »Arbeit kann eine gute Therapie sein. Wenn Sie sagen, dass es Ihnen gut tut, sollten Sie das ernst nehmen. Natürlich soll man sich nicht überarbeiten, aber ich nehme an, das ist bei Ihnen nicht der Fall.«

»Nein«, sagte ich.

»Na, dann schreiben Sie«, sagte sie.

Ich verließ ihre Praxis mit einem Gefühl der Erleichterung. Es gab etwas, das ich tun konnte: Arbeiten. Schreiben. Und weil es mir gut tat, durfte ich es viel machen! Weniges von dem, was mir in letzter Zeit zugesprochen worden war, hatte mich so glücklich gemacht wie das. Ich erzählte meiner Frau grinsend, was die Ärztin gesagt hatte, und ging dann, so oft es möglich war, an den Schreibtisch, der in einem Raum im Keller unseres Hauses stand.

Mittlerweile ist der Roman veröffentlicht. Ich habe ihn im Herbst 2016 selbst herausgebracht. Wenn ich ihn heute zur Hand nehme und darin lese oder wenn ich ihn vorlese, dann denke ich nicht an die dunklen Stunden, in denen ich ihn geschrieben habe.

Das liegt einerseits daran, dass ich sie während der Arbeit nicht mehr als dunkel empfand. Und andererseits hat diese Geschichte auch wenig mit meiner persönlichen zu tun. Es ist eine eigene Geschichte entstanden, sie steht für sich selbst. Natürlich ist sie mit meiner verbunden. Aber jetzt, da sie da ist, ist sie ganz sie selbst. Mehr noch, während ich an ihr arbeitete, hielt ich mich mehr in ihrer als in meiner eigenen Wirklichkeit auf.

Schon während des Schreibens nahm sie eine Eigenständigkeit an, die mich überraschte. Es ist ja fast schon ein Klischee, aber es stimmt wirklich: Romanautoren erzählen manchmal, dass die Figuren, die sie erfunden haben, quasi zum Leben erwachen. Die Entscheidungen, die sie treffen, treffen sie beinahe selbständig. Sie folgen, wenn es gut läuft und die Geschichte stimmig ist, aus den Persönlichkeiten der Figuren und aus dem, was bisher passiert ist. Es kommt häufiger vor, dass man als Autor von seinem bisherigen Plan, wie die Geschichte sich entwickeln soll, abweichen muss. Zu Beginn schien es ein guter Plan zu sein, aber mittlerweile haben sich die Dinge anders entwickelt, als man das vorhersehen konnte, und deshalb nimmt alles einen anderen Gang.

Neulich habe ich im Radio ein Interview mit einem Jazzkomponisten gehört, an dessen Namen ich mich leider nicht mehr erinnern kann. Er sagte, dass ihm ein Romanautor in einem Gespräch von diesem Phänomen erzählt habe. Daraufhin sagte der Musiker: »Das kenne ich auch! Und zwar vom Komponieren. Wenn es gut läuft und ich im Flow bin, dann folgen die Töne und Akkorde, die ich schreibe, einer ganz bestimmten Logik. Sie passieren beinahe von selbst. Es ist dann einfach klar, was als nächstes folgen muss.«

Mir wiederum war völlig neu, dass es dieses Phänomen auch in der Musik gibt. Aber wenn Schriftsteller und Musiker dasselbe erleben, dürfte es nahe liegen, dass auch die anderen Künste ähnliche Erfahrungen machen.

Wenn das passiert, wenn aus der harten Arbeit an einem Text, Musikstück, Gemälde oder was auch immer plötzlich ein Flow wird, wenn die kunstschaffende Person plötzlich das Empfinden hat, dass eine kreative Energie sie antreibt oder trägt oder sie dahingleiten lässt, dann passiert auch noch etwas anderes als gute Kunst. Dann geschieht Heilung.

Kunst ist ja sowieso irgendwie heilsam. Das ist vielleicht nicht immer offensichtlich. Es gibt diese Kunstwerke, die eher wie ein Skalpell oder eine Chemotherapie wirken, so unerträglich, vielleicht sogar abstoßend sind sie. Sie führen die Betrachter zu einem Punkt, an dem eine neue Art der Erkenntnis erst möglich wird. In diesen Fällen ist die Kunst, obwohl sie destruktiv wirkt, eher eine Voraussetzung für Heilung. Die Performance-Kunst der biblischen Propheten fällt für mich in diese Kategorie.

Natürlich gibt es auch Kunstwerke, die nichts als Hass und Zerstörung im Sinn haben. Ob es sich bei diesen Werken dann noch um Kunst handelt, wäre mal eine spannende Frage.

Grundsätzlich jedenfalls kann man sagen, dass die heilende Wirkung von Kunst auf der Hand liegt. Warum sonst wird das künstlerische Arbeiten in Therapien eingesetzt? Klar, man macht sich darüber gerne lustig, wenn in der Reha Figuren oder Tassen getöpfert werden oder ganz unbeholfene erste Acrylbilder eines Sonnenuntergangs entstehen. Doch wer darüber lacht, weiß nicht, wie gut es ihm geht. Der depressive

Manager, der es kaum schafft, aus dem Bett zu klettern, weil ihm die innere Kraft dazu fehlt, empfindet Glücksgefühle, wenn er ein Bild zustande bringt, das er noch vor einigen Jahren auf den Müll geworfen hätte.

Meine Frau hat in der Klinik tatsächlich eine dieser Tassen getöpfert. Weil das kurz vor dem Abschluss ihrer Therapie geschehen war, war die Tasse noch nicht fertig, als sie das Krankenhaus verließ. Die Tasse musste erst noch gebrannt werden. Wir haben eine fünfundvierzigminütige Autofahrt auf uns genommen, um die Tasse abzuholen. Und auch wenn wir uns selbst dafür auslachen – das Stück hatte für sie eine Bedeutung gewonnen, die über den Wert einer einfachen Tasse weit hinausging.

Warum ist das so? Warum tut Kunst gut? Warum wirkt sie heilend oder zumindest heilungsbeschleunigend? Warum ließ sich der wahrscheinlich depressive König Saul von dem Hirtenjungen David auf der Harfe vorspielen, weil nur das die bösen Geister in Schach halten konnte, die ihn plagten? Warum nutzen wir Kunst nicht nur, um unsere Wohnzimmer zu dekorieren, sondern auch, um unsere Liebe, unsere Wertschätzung, ja sogar unsere Anbetung zu zeigen? Was hat die Kunst an sich, dass wir sie als etwas Gutes wahrnehmen, etwas Gutes, das meistens keinem Zweck dient – weshalb wir, die wir immer *busy* und immer auf das Erreichen des nächsten Zieles aus sind, uns viel zu oft keine Zeit für sie nehmen oder sie gleich ganz vernachlässigen?

Ich beantworte diese Frage theologisch. Das liegt daran, dass ich ein gläubiger Mensch bin, der davon ausgeht, dass erstens alles seinen Ursprung in Gott hat und dass zweitens dieser Gott die Liebe ist und dass wir deshalb, wie der Franziskaner Richard Rohr es ausdrückt, in einem ›benevolent universe‹, also in einem wohlwollenden, uns wohlmeinenden

Universum leben, auch wenn vieles, was wir erleben oder im Fernsehen sehen, auf das genaue Gegenteil hinzuweisen scheint.

Ich glaube also Folgendes: Die ursprüngliche Erschaffung der Welt war ein Akt der Liebe durch die Liebe selbst. Und als Gott erschaffen hatte, liebte er (oder sie) das, was entstanden war. Dieser erste Schöpfungsakt, der sich in der Natur immer weiter fortsetzt und, so lange die Erde besteht, nicht aufhören wird, findet viele kleinere Ausdrücke.

Sie alle finden innerhalb der großen, göttlichen Schöpfung statt und atmen daher dieselbe Luft, haben sozusagen dieselbe DNA. Jedes Mal, wenn ein Kind ein Bild malt, sich darüber freut und es stolz seinen Eltern zeigt, wird der Schöpfungsakt im Kleinen wiederholt und bezieht auch daraus, aus seiner Herkunft aus dem einen liebevollen Schöpfungsakt Gottes, seine Köstlichkeit.

(Ich persönlich glaube deshalb auch, dass schon das Bild eines Kindes wahre Kunst ist. Kunst ist nicht deshalb Kunst, weil sie besondere Fertigkeiten beweist, sondern Kunst ist die Beschäftigung mit der Welt, dem Leben und sich selbst anhand ästhetischer Mittel. Wie ›kunstfertig‹ diese Beschäftigung dann ist, ist für die Frage, ›ob das Kunst ist‹, zweitrangig. Das jedenfalls ist meine Definition.)

Aber nicht nur kreatives (Er)Schaffen ist ›Schöpfung‹. Heilung ist es auch. Ich habe gehört (ich weiß nicht mehr von wem), dass die Heilungswunder von Jesus als Neu-Schöpfungen verstanden werden können. Sie sind also die Folge davon, dass die göttliche schöpferische Kraft eingreift, einen Menschen berührt und seinen Körper oder Geist oder seine Psyche wiederherstellt. Mir kommt das sinnvoll vor.

Und ich glaube, dass damit nicht nur wundersame Spontanheilungen angesprochen sind, sondern jede Art von heilsamen Prozessen, die in einem einzelnen Menschen oder einer

Gemeinschaft vor sich gehen. Jede Heilung ist ein Wunder, selbst wenn sie medizinisch erklärt werden kann, jede Heilung ist eine Schöpfung, eine Neu-Schöpfung, weil die Gottheit noch immer und immer weiter handelt, schafft und heilt. Toll, oder?

Kunst ist aber noch mehr als Schöpfung. Sie ist auch Kommunikation. Die meisten Leute finden das völlig logisch: Es scheint doch klar zu sein, dass ein Kunstwerk immer etwas über den verrät, der es hergestellt hat. Deshalb fragt man ja einen Künstler, den man persönlich kennt, irgendwann: ›Und? Wieviel an deinem Song/Buch/Film/Gedicht ... ist jetzt autobiografisch?‹

Für den Künstler ist das eine etwas unangenehme Frage. Denn selbst wenn es so sein sollte, dass bei der Arbeit persönliche Erfahrungen eine Rolle gespielt haben, hat ein Werk doch ein Eigenleben. Schließlich soll es, wenn es fertig ist, alleine in der Welt klarkommen. Es soll geliebt oder gehasst werden, auch ohne dass die Hörer/Leser/Betrachter denjenigen kennen, der das Werk gemacht hat.

Gleichzeitig ist die Persönlichkeit des Künstlers natürlich ein wesentlicher Faktor für die Frage, wie das Werk am Ende ist, also was es thematisiert, welchem Stil es folgt, ob es detailversessen oder großzügig-schlampig ist usw. In der Kunstgeschichte hat es zwar immer wieder Künstler gegeben, die durch bestimmte Verfahren sich selbst vollkommen aus den eigenen Werken herausgenommen haben. Und wenn man sich ganz viel Mühe gibt, geht das auch. Aber normalerweise bleibt immer etwas vom Wesen des Künstlers in seinen Werken zurück.

Kunst ist also eine Art Selbstmitteilung, so wie auch die Schöpfung eine Selbstmitteilung Gottes ist. Die Franziskaner sprechen deshalb von der Schöpfung als von der ersten Inkarnation Gottes.

Also: Kunst ist nicht nur Schöpfung, sondern auch Kommunikation. Und deshalb wirkt sie verbindend, gemeinschaftsstiftend. Und das ist, theologisch gesprochen, auch eine Form der Heilung oder zumindest eine Art, wie Gutes, nämlich Gemeinschaft, geschaffen und erhalten wird.

Es wird wohl daran liegen, dass ich Christ bin, aber wenn ich mich mit diesen Gedanken beschäftige, flackert im Hintergrund immer ein Name auf, der mit all den genannten Themen verbunden ist: Jesus Christus.

Das Neue Testament beschreibt ihn nicht nur als den Heiler, sondern auch als den, der der Ursprung aller Schöpfung ist, aus dem alles kommt und zu dem alles hingeht, und als den, in dem die Gottheit sich der Menschheit zuwendet, um die vollkommene Gemeinschaft zwischen Gott und Mensch, Mensch und Mensch und Mensch und Kosmos wiederherzustellen.

Für mich als Christ, der künstlerisch arbeitet, heißt das: Ich arbeite im Hinblick auf Christus. Mir ist bewusst, wo ich mit dem, was ich tue, angedockt bin, wo ich herkomme und wer mein großes Vorbild ist.

Das bedeutet aber nicht, dass ich nur christliche Themen beackern würde oder dass meine Arbeit eine verkleidete Theologie wäre. Meine Themen sind ganz normale Themen des Lebens, ich suche sie mir so, wie andere Künstlerinnen und Künstler, die keine Christen sind, es auch tun. Genau wie sie lasse ich mich von dem, was mich freut oder ärgert oder begeistert oder wurmt, treiben und inspirieren. Und ganz bestimmt nicht lege ich es darauf an, dass meine Arbeit einen Appell formuliert oder eine Aussage enthält.

Wenn meine Arbeit auf Christus hinweist, dann deshalb, weil sie an und für sich von ihm herkommt und letztlich, so wie alle andere Schöpfung auch, auf ihn hinläuft.

Das gilt übrigens nicht nur für die künstlerische Arbeit von Christinnen und Christen, sondern grundsätzlich für alle Kunst.

Insofern wundert es mich gar nicht, wenn eine Geschichte Leben rettet.

9. Gegen die Angst

Mein Freund Jay war damals noch gar nicht mein Freund, als er mich fragte, ob ich bei einer gemeinsamen Sache mitmachen wolle. Er hatte die Idee, einen Podcast zu starten.

Ein Podcast ist eine Art Radio-Show, die aber nicht im Radio, sondern übers Internet publiziert wird. Besonders im amerikanischen Raum ist das ein weit verbreitetes Phänomen, aber auch in Deutschland nimmt die Zahl der Podcast-Hörer immer mehr zu.

Es gibt Veröffentlichungen zu allen möglichen Themen: Kleidung und Mode, Sex, Fußball, Literatur und Theater, Film, Unterhaltung ... Denk Dir irgendein abstruses Thema aus, und Du kannst sicher sein, dass es dazu einen Podcast gibt.

Selbstverständlich bieten auch Radiosender ihre Sendungen als Podcasts an. Aber das Spannende an dieser Sache ist eigentlich, dass mithilfe eines Computers, eines Mikrofons und des Internets potentiell jede und jeder einen Podcast produzieren und veröffentlichen kann. Man braucht ein wenig *know how*, das man sich im Internet zusammensuchen kann, und den Willen und genügend Ambition, um die Sache durchzuziehen, und dann kann es losgehen.

Jay hatte etwas bemerkt, das ihm Sorgen machte. Der Ton im gesellschaftlichen Miteinander verschärfte sich, die Fronten verhärteten sich, die Diskussionen gerieten zu Streitereien. Und zwar nicht nur ganz allgemein, sondern gerade auch unter den Christinnen und Christen. Besonders sichtbar wurde das in den sozialen Netzwerken im Internet.

Jays Idee war, dass man durch einen Podcast vielleicht eine vermittelnde Stimme hörbar machen könnte, die sich weder auf die eine noch auf die andere Seite schlagen, sondern versuchen würde, beide Seiten im Gespräch zu halten.

Ich hatte Lust auf dieses Projekt, weil ich Jay mochte und weil mir alles Spaß macht, was entfernt mit Radio und Journalismus zu tun hat. Sein Anliegen teilte ich oberflächlich.

Um ehrlich zu sein, war es mir ziemlich egal, ob fromme Leute sich gegenseitig mit Bibelversen bewarfen oder sich zu neuen Netzwerken zusammenschlossen, die gegen den Niedergang der Gesellschaft und der Kirche zu Felde zogen. Ich hatte auch keine Lust, irgendwogegen oder irgendwofür aufzustehen oder um des öffentlichen Bekenntnisses willen Stadiongottesdienste abzuhalten. Auf das, was früher mein natürliches Lebens- und Arbeitsumfeld gewesen war, blickte ich mit immer größerer Verwunderung und Befremdung, so wie es einem gehen mag, der eines Morgens aufwacht und feststellt, dass er plötzlich in einer fremden Kultur lebt, deren Bräuche und Konventionen er noch nicht kennt.

Also sagte ich ja, und damit begann ein schönes und seltsames Abenteuer, in dessen Verlauf ich mich nicht nur mit Jay befreundete, sondern auch eine neue, so ganz andere Begeisterung für meinen Glauben entdeckte als die, die ich bis dahin gekannt und zwischendurch wieder verloren hatte.

Wir wollten einen Namen, der Wumms hat, der gleich klar macht, dass bei uns Tacheles geredet wird, der aber auch signalisiert, dass wir uns selbst nicht so furchtbar ernst nehmen wollen. So kamen wir schließlich auf Hossa Talk. Du weißt schon, wie bei Rex Gildos ›Fiesta Mexicana‹. Hossa!

Ursprünglich steckten wir den inhaltlichen Rahmen recht weit. Wir nahmen uns vor, nicht nur über Glauben, sondern auch über Kunst, Kultur und Gesellschaft zu diskutieren. Aber es stellte sich schnell eine Hörerschaft ein, die vor allem an christlich-theologischen Themen interessiert war. Sie wuchs in mehreren Schüben und zählt nun ein paar Tausend regelmäßige Hörerinnen und Hörer.

Der Tonfall in unseren Shows ist offen, manchmal rüde. Wir nehmen kein Blatt vor den Mund. Das liegt daran, dass wir Rampensäue sind. Wir haben beide viele Jahre auf Bühnen aller Größenordnungen gestanden, und wenn das Mikro an ist, wechseln wir unwillkürlich in einen Performance-Modus.

Außerdem ist es unser Anliegen, möglichst authentisch zu sein. Jede unserer Gefühlsäußerungen ist echt, ob wir über etwas lachen müssen, ob uns die Wut packt oder ob wir weinen müssen, wie Jay damals, als er vom kürzlichen Tod seiner Mutter erzählte. Die Dinge, die wir sagen, sind die Dinge, die wir, zumindest zum gegebenen Zeitpunkt, denken. Wir haben uns vorgenommen, unsere Zweifel, Fragen und Überzeugungen ungefiltert auszusprechen.

Warum? Weil wir die Erfahrung machen, dass man das in vielen christlichen Gemeinschaften nicht darf. Natürlich: Wir leben in einem freien Land, in dem jeder sagen darf, was sie oder er denkt. Nur in seltenen und besonders drastischen Fällen hat das rechtliche Konsequenzen. Aber es ist doch klar, dass alles, was wir sagen, soziale Konsequenzen hat. Deshalb gibt es Dinge, die Du, wenn Du Dich unter gewissen Leuten aufhältst, niemals sagen würdest.

Ich würde Dir zum Beispiel davon abraten, Dich im Stadion unter harte, neo-nazistische Dortmund-Fans zu stellen und Schalke 04 anzufeuern. Oder meinetwegen zu rufen: ›Say it loud, say it clear, refugees are welcome here!‹ (Sagt es laut, sagt es deutlich: Flüchtlinge sind bei uns willkommen!) Selbstverständlich hast Du das Recht, das zu tun. Es ist nur entweder unglaublich mutig oder ziemlich dämlich. Ich an Deiner Stelle würde es jedenfalls nicht tun.

So gibt es eben auch in vielen unserer Gemeinden Dinge, die man sagen DARF, aber nicht sagen SOLLTE, wenn man keine sozialen Konsequenzen befürchten möchte, wie zum Beispiel Ausgrenzung, Tadel oder liebgemeinte, aber trotzdem übergriffige Versuche anderer Gläubiger, wieder in die Spur gebracht zu werden.

In manchen Gemeinden solltest Du, wenn Du geschieden und alleinerziehend bist, nicht sagen, dass Du vorhast, wieder zu heiraten.

In anderen Gemeinden solltest Du, wenn Du zum Beispiel der Pastor bist, nicht sagen, dass Du an der Unfehlbarkeit der Heiligen Schrift zweifelst.

Und in wieder anderen Gemeinden könnte es unangenehme Konsequenzen haben, wenn Du sagst, dass Du daran zweifelst, dass ein kurzes ›Übergabegebet‹ und das Bekenntnis ›Ja, ich glaube daran, dass Jesus für meine Sünden gestorben ist‹ ausreichen soll, um darüber zu entscheiden, ob jemand für ewig in den Himmel kommt oder in der Hölle brennt.

Und egal, wo Du Dich gerade aufhältst: Sei vorsichtig mit der Aussage, dass Du kein Problem mit Homosexualität hast oder dass Du womöglich selbst schwul oder lesbisch bist!

Sofern man weiter in Evangelikalien wohnen bleiben möchte, weil es einem dort gefällt oder weil man sonst keine andere Heimat hat, darf man eben NICHT alles sagen.

Bei Hossa Talk gelten andere Regeln. Wir bieten einen Raum an, in dem das geht. Wir verfolgen keine Agenda, auch wenn es mittlerweile Kritiker gibt, die uns das unterstellen. Unsere Aussagen, die Schlüsse, die wir ziehen, sind immer nur vorläufig. Wir tragen sie zwar mit Verve vor, aber wir wissen ganz genau, dass unser Wissen endlich und unsere Intelligenz beschränkt ist und dass wir schon morgen unsere Meinung ändern könnten. Das sagen wir auch unseren Hörern.

Es gibt Menschen, die kommen mit dieser dogmatischen Unschärfe nicht zurecht. Da sind die, die gerne klare Antworten auf schwierige Fragen haben möchten, weil ihnen sonst die Sicherheit fehlt, die sie benötigen, um sich wohl zu fühlen. Und da sind Pfarrer und Leiter, die befürchten, dass wir die, die sie anleiten, in die Irre führen, weil wir sie verunsichern und sie in der Folge irgendetwas Böses oder Schädliches tun könnten.

Wir können diese Ängste nachvollziehen, finden sie aber unnötig. Den Menschen, denen wir mit unserer Offenheit und Unentschlossenheit Angst machen, sagen wir: Mach Deine Augen auf! Schau Dir die Welt an, wie sie ist. Sie ist hochkomplex, chaotisch und furchteinflößend. Dein Wunsch nach einfachen Antworten ist verständlich. Aber in diesem Leben gibt es so etwas wie einfache Antworten nicht. Auch die Bibel bietet sie nicht. Und unsere Theologie schon gar nicht. Also hör auf, Dich selbst zu belügen, übernimm Verantwortung für Dein Leben, und stell Dich den Herausforderungen.

Den Pfarrern und Leitern, denen wir Angst um ihre Gläubigen machen, sagen wir: Wir leben im Zeitalter des Internets. Glaubt Ihr wirklich, dass Eure Leute vor den Fragen verschont bleiben, die wir stellen, wenn wir mit Hossa Talk wieder aufhören? Ihr solltet uns dankbar sein! Denn wenn Ihr gute Arbeit leistet, dann sind Eure Gemeinden Orte des vertrauensvollen Umganges und des offenen Gespräches. Dann werden sie mit diesen Fragen zu Euch kommen. Und Ihr werdet die Gelegenheit haben, ihnen all die vermeintlich richtigen Antworten zu geben, Ihr werdet sie über all die Irrtümer aufklären, denen wir angeblich aufsitzen. Kommen sie aber nicht zu Euch, dann solltet Ihr Euch die Frage stellen, warum das so ist.

Manche halten Hossa Talk für eine Art Predigt-Funk oder ein Organ, das sich für eine liberale Art zu glauben stark macht. Aber das ist falsch. Hossa Talk ist vor allem ein Kunstprojekt.

Kunst ist ja, wie ich schon anderer Stelle schrieb, die Betrachtung der Welt und das Nachdenken über sie anhand ästhetischer Mittel. Und das ist genau das, was wir tun.

Wir tun es natürlich als Christen, als Männer, die sich entschieden haben, an Christus zu glauben und von ihm zu lernen, die aber angesichts des Lebens in dieser Welt manchmal nicht mehr wissen, wie das praktisch eigentlich aussehen soll. Weil es eben keine einfachen Antworten gibt. Und weil man manchmal überhaupt erst die richtigen Fragen finden und sie stellen muss, bevor man sich auf die Suche nach den Antworten macht.

Und weil das, was wir tun, Kunst ist, brauchen wir dafür die größtmögliche Freiheit, denn wie gesagt: Freiheit ist das natürliche Lebensumfeld der Kunst. Ohne Freiheit gibt es keine Kunst. Und umgekehrt schafft Kunst Freiheit dort, wo sonst Repression und Gleichschaltung herrschen, ob das nun in totalitären Staaten ist oder unter unterdrückten Arbeitern oder in religiösen Gemeinschaften.

Das, was uns an Jesus so begeistert und was uns zu ihm hinreißt, ist die Tatsache, dass er für die Freiheit steht. »Wird euch nun der Sohn frei machen«, sagt der johanneische Jesus, »so seid ihr wirklich frei.« Freiheit schließt ein, dass man eine Entscheidung trifft, merkt, dass man sich geirrt hat, sich korrigiert und eine neue Entscheidung trifft. Bis man merkt, dass man sich geirrt hat ...

Ja sicher, wir würden uns einen geraderen, direkteren Weg wünschen. Aber als Familienväter, die mittlerweile auf die fünfzig zugehen und schon einige Höhen und Tiefen erlebt und durchlitten haben, glauben wir allmählich, dass es so einen geraden Weg nicht gibt.

Dass wir mit dem, was wir bei Hossa Talk machen, einen Nerv treffen, zeigt die Reaktion der Hörer. Wir bekommen viele E-Mails. Und immer wieder bedanken sich die Leute und erzählen dann in kurzen Zügen ihre Geschichte.

»Seit ich euch entdeckt habe, habe ich das Gefühl, ich kann wieder frei atmen«, schrieb jemand.

»Ich bin Pastor und schlage mich seit einem Schicksalsschlag mit Zweifeln herum, die ich meiner Gemeinde niemals sagen könnte – ich müsste um meinen Job fürchten. Dank euch fühle ich mich nicht mehr so allein«, schrieb jemand anderes.

»Ich war leitendes Mitglied einer Gemeinde, bis die Fragen, die ich an den Glauben hatte, so stark wurden, dass ich sie aussprach. Heute habe ich keine Gemeinde mehr, und meine früheren christlichen Bekannten haben sich von mir distanziert. Danke, dass ich wenigstens euch habe.«

»Seit ich euch entdeckt habe, denke ich, dass mit mir vielleicht doch alles okay ist und dass es anderen auch so geht wie mir.«

»Wir sind ein kleiner Hauskreis, der euch hört. Ein Hauskreismitglied ist geschieden und lebt mit einem Partner zusammen, deshalb betrachtet uns unsere Gemeinde vor Ort als nicht zu ihr gehörig. Dürfen wir euch mal treffen? Wir haben so viele Fragen!«

Das ist nur ein sehr kleiner Ausschnitt von dem, was uns Hörerinnen und Hörer schreiben. Ich könnte ein ganzes Kapitel füllen.

Wir sind also nicht allein. Es gibt viele andere Menschen, die, so wie wir, das Gefühl haben, dass sie aus dem Rahmen fallen, dass sie nur die Wahl haben, entweder aus ihrem bisherigen Umfeld ausbrechen oder verrückt werden zu müssen. Sie scheinen etwas an sich zu haben, das sie von den anderen Menschen um sie herum abhebt, das sie unterschiedlich, irgendwie anders sein lässt. Und diese Andersartigkeit führt zu immer stärkeren Spannungen.

Wenn man Paulus' ersten Brief an die Korinther liest und da vor allem die Kapitel 12 bis 14, kann man ja gar nicht anders als festzustellen, dass ›Gemeinde‹ im eigentlich christlichen Sinn eine Einheit in aller Unterschiedlichkeit ist. Die Unterschiede zwischen den einzelnen Gemeindegliedern werden von Paulus nicht weggeredet, sie werden sogar hervorgehoben, sie werden geradezu gefeiert. Paulus macht sich für die Einheit in aller Unterschiedlichkeit stark.

Diesem Ziel hinken wir leider meilenweit hinterher. Wir sind eben auch nur Menschen. Wir ticken ganz ähnlich wie unsere Zeitgenossen: Das Gewohnte, von mir Gewünschte vermittelt Sicherheit und Vorhersehbarkeit. Die Andersartigkeit des anderen ist es, die stresst, die mich Spannungen aussetzt, die ich als unangenehm empfinde. Das an sich ist schon schwer zu ertragen. Aber hinzu kommen dann auch noch religiöse Befürchtungen, die alles noch schlimmer machen:

Wenn wir die ›Heilige Schrift‹ nicht ›recht‹ verstehen, wenn unser Lebenswandel nicht wirklich dem Willen Gottes entspricht, wenn unser Glaube nicht das wahre Evangelium beinhaltet, dann ...: dann reißt das die ganze Gemeinschaft runter, dann geht uns der Segen Gottes verloren, dann verführen wir die Schwachen unter uns, dann ziehen wir den Zorn Gottes auf uns, dann verlieren wir unsere Gottseligkeit, dann ..., dann ..., dann ...

Dieses Wenn-Dann-Denken zeugt von einer ganz tiefsitzenden Angst, die man bei vielen frommen Menschen findet. Diese Angst sagt, dass Gott kein liebender Gott ist, sondern ein Schulmeister, der die guten Schüler belohnt und die schlechten bestraft. Und die Gemeinde ist nicht die Gemeinschaft der geretteten Verlorenen, die vom Guten Hirten gefunden und nach Hause gebracht worden sind, sondern es ist ein Kreis Erwählter, die ihre Erwählung durch ihre Art zu leben rechtfertigen müssen. Und das bedeutet, dass man den Zorn des Schulmeisters ruckzuck auf sich ziehen und die Mitgliedschaft im Club der Erwählten verlieren kann. Und was dann? Da wollen wir lieber nicht drüber nachdenken.

Das sagt so niemand. Es ist ja auch falsch. Und wer will sich schon dem Verdacht aussetzen, etwas Falsches zu glauben? Trotzdem, die Angst ist da. Sie sitzt so tief und sie ist so viel stärker als der Glaube an Gottes Liebe, dass sie das Denken und Handeln der Frommen beeinflusst.

Was kann einer, der in solchen Verhältnissen lebt und sich nach Weite sehnt, da anderes machen als Kunst?

Eben. Vollkommen nachvollziehbar, dass die biblischen Propheten zu antiken Performance-Künstlern wurden. Und dass Jesus ein begnadeter Geschichtenerzähler war, dessen Geschichten übrigens keine Allegorien sind, die einfach übersetzt werden könnten, sondern die herrlich vielschichtig und vieldeutig sind, wie die kanadische jüdische Neutestamentlerin Amy Jill-Levine in ihrem Buch ›Short Stories by Jesus‹ gezeigt hat.

Kunst sprengt die Grenzen. Sie wagt den Tabubruch, bricht aus eingefahrenen Schemen aus und bietet neue Blickwinkel auf altbekannte Dinge an. Sie macht also genau das, was der Gott der Bibel im Lauf der Geschichte immer wieder getan hat und auch heute noch tut.

Wen wunderts? Er ist der Erste unter den Künstlern.

Ebenfalls von Gofi Müller erhältlich

NEUE HELDEN –
Musikalbum

Musikalisch reicht die Spannbreite von der chansonesken Ballade über funkige Abgehnummern bis zum harten Rock. NEUE HELDEN ist ein zeitgemäßes, eigenständiges und abwechslungsreiches Indie-Rock-Album mit deutschen Texten. (Triumphton Records 2013)

TIMTOM GUERILLA
Roman

Der Band TimTom Guerilla fehlt der durchschlagende Erfolg. Die beiden Mitglieder TimTom und Foo beschließen daher, innerhalb eines Jahres noch einmal alles dranzusetzen, den Erfolg zu erzwingen, was katrastrophale Auswirkungen hat. (BoD – Books on Demand GmbH, Norderstedt 2016, 672 Seiten)